AirPano
WELTBILDER

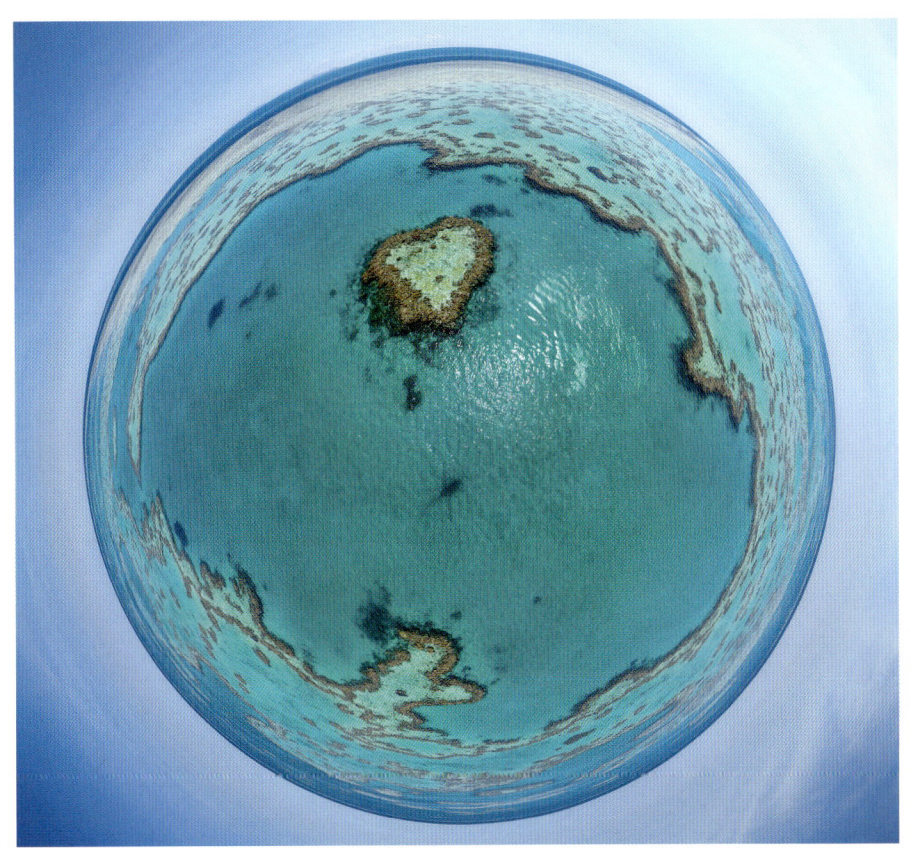

Eine außergewöhnliche Sicht auf unsere Erde

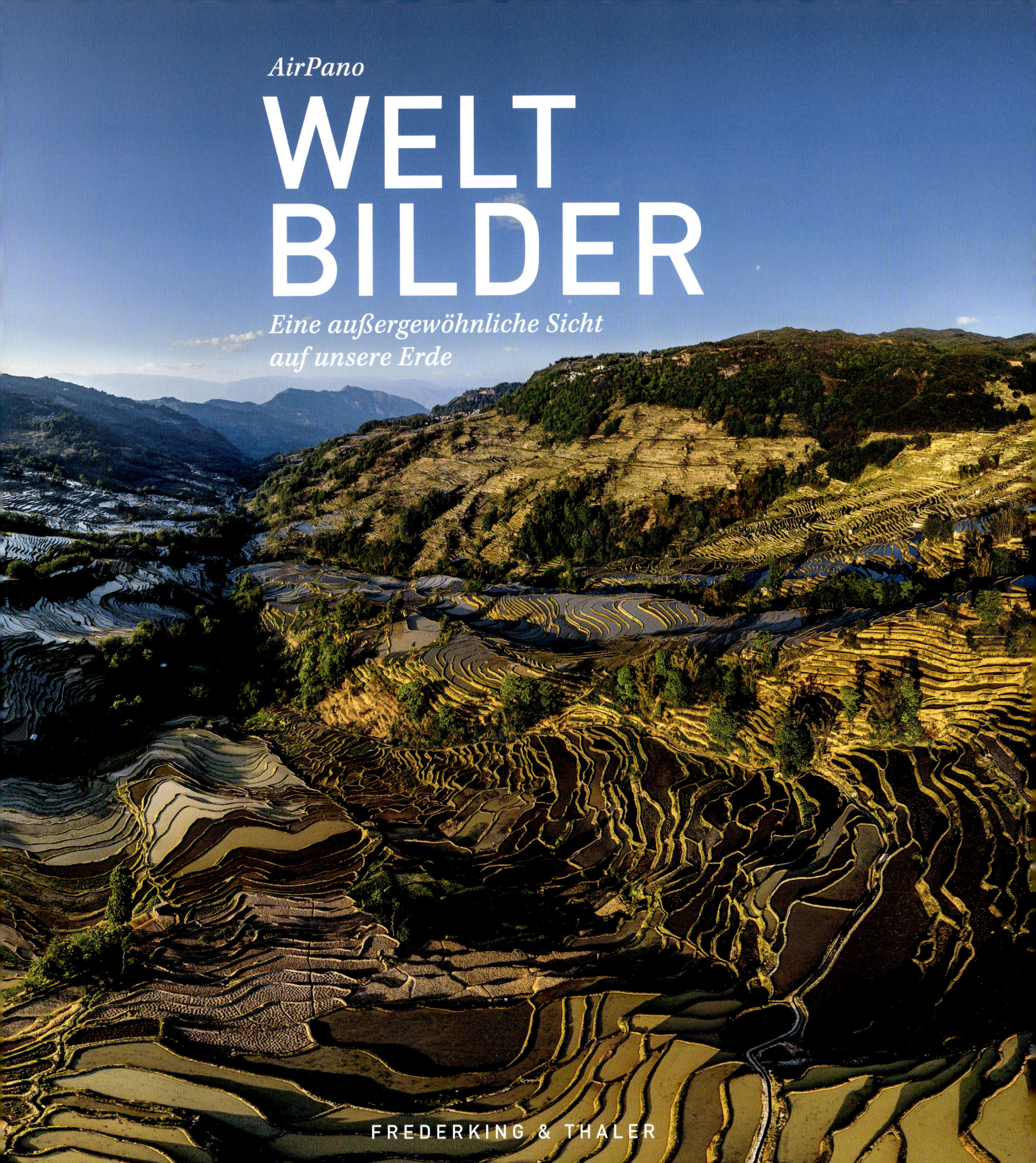

AirPano
WELT BILDER

Eine außergewöhnliche Sicht auf unsere Erde

FREDERKING & THALER

INHALT

Vorwort 7

EUROPA
Geschichtsträchtiges Deutschland 8
Die Alpen und St. Moritz 12
Romantisches Paris 16
Goldenes Prag 20
Architekturwunder Barcelona 24
Santorin, ein Traum in weiß 30
Islands wilde Schönheit 36
Moskauer Pracht: der Kreml 42
Zarenstadt Sankt Petersburg 48
Kirchenbaukunst an der Nerl 52
Naturwunder Baikalsee 56
Kamtschatkas unberührte Natur 60

ASIEN BIS AUSTRALIEN
Architektur ohne Grenzen: Dubai 68
Geheimnisvolles Petra 74
Die Chinesische Mauer 78
Metropole im Grünen: Hongkong 82
Denkmal der Liebe: Taj Mahal 86
Der imposante Mount Everest 90
Land der Pagoden: Myanmar 94
Swaminarayan Akshardham 98
Kuala Lumpurs Petronas Towers 102
Traumhafte Malediven 106
Sydney, Metropole mit Meerblick 112

AFRIKA
Die Pyramiden von Gizeh 116
Ursprüngliches Kenia 120
Die großartigen Victoriafälle 126
Die Dünen des Sossusvlei 130

AMERIKA
Teil des Big Apple: Manhattan 134
Die Golden Gate Bridge 140
Schillerndes Las Vegas 144
Der Goosenecks State Park 148
Bryce-Canyon-Nationalpark 152
Mitten im Urwald: der Salto Ángel 156
Lebensfreude pur: Rio de Janeiro 162
Inka-Stadt Machu Picchu 168
Weltwunder Iguazú-Wasserfälle 172

ANTARKTIS UND WELTALL
Die Antarktis und ihre Inseln   176
Die Stratosphäre   180

ANHANG
Das Team   184
Making of: Hinter den Kulissen   186
Impressum   192

LIEBE FREUNDE,

in diesem Buch werden die besten Fotos vorgestellt, die im Rahmen des Projekts AirPano in den letzten Jahren entstanden sind. Viele von ihnen sind weltweit einzigartig, wurden erstmalig angefertigt und sind zuvor noch nicht veröffentlicht worden.

AirPano ist ein Non-Profit-Projekt, das Andrey Zubetz und ich im Jahr 2006 gegründet haben. Gemeinsam haben wir eine Aufnahmetechnologie für Kugelpanoramen aus der Luft entwickelt. In der Regel verwendeten wir bei unseren Dreharbeiten Hubschrauber, Flugzeuge, Luftschiffe und Heißluftballons, aber in den letzten Jahren nutzten wir immer häufiger auch ferngesteuerte Flugmodelle. Als wir entdeckten, wie verblüffend diese Luftbildpanoramen waren, beschlossen wir, das Projekt mit dem Titel »Hundert Plätze der Welt, die Sie aus der Vogelperspektive sehen müssen« ins Leben zu rufen. Wir wollten diese außergewöhnlichen und fantastischen visuellen Eindrücke durch unsere Fotos mit den Menschen teilen. So entstand unser Projekt.

Nach mehrjähriger Arbeit wurde uns langsam klar, dass die Welt für uns beide allein zu groß war. Deshalb haben wir einige Gleichgesinnte in das AirPano-Team geholt.

Was geografische Aufnahmen und die Anzahl künstlerischer Luftbildpanoramen mittels modernster Technik betrifft, ist AirPano heute die weltweit größte Internetquelle, die 360-Grad-Panoramen aus der Vogelperspektive von höchster Qualität präsentiert. Jede Woche wird auf der Webseite www.AirPano.ru eine neue virtuelle Tour veröffentlicht.

Nach den Aufnahmen der ersten 100 Orte war noch lange nicht Schluss. Auf unserer Website können Besucher mehr als 2000 Panoramabilder aus der ganzen Welt betrachten – vom Nordpol bis zur Antarktis. Mithilfe eines normalen Computers kann nun jeder »in den Himmel steigen« und alles das betrachten, was wir während der Aufnahmen mit unseren eigenen Augen vom Cockpit eines Hubschraubers oder dem Korb eines Heißluftballons aus gesehen haben. Neben den Kugelpanoramen erstellten wir auch klassische Fotos – die besten von ihnen werden in unserem Buch vorgestellt.

Zu den Besonderheiten dieser Ausgabe gehören auch die QR-Codes auf den Seiten 190 bis 191, dank derer die gedruckten Panoramabilder »zum Leben erweckt« werden können. Hält man ein Smartphone an die QR-Codes, wird man in wenigen Sekunden an den Aufnahmeort versetzt und kann dort auf eigene Faust alles um sich herum erkunden. Noch bequemer ist die Nutzung eines Tablets oder Computers, da die virtuellen Touren für große Bildschirme konzipiert wurden. Auf ihnen bekommt der Betrachter wirklich das Gefühl, selbst am Drehort zu sein – sei es im Himmel über New York, unter Wasser, über einem tobenden Wasserfall oder sogar im Inneren einer Mikrowelle.

Wir laden Sie herzlich ein, gemeinsam mit uns auf eine spannende Reise zu gehen!

Oleg Gaponyuk

GESCHICHTSTRÄCHTIGES DEUTSCHLAND

DIE DEUTSCHE HAUPTSTADT bietet historische Architektur, etwa prachtvolle breite Straßen und barocke Ensembles, doch anders als andere europäische Städte fasziniert Berlin weniger durch sein jahrhundertealtes Erbe, sondern eher durch interessante Einblicke in die neuere Geschichte und vor allem durch sein einzigartiges gegenwärtiges Flair.

Nach dem zweiten Weltkrieg waren große Teile der Stadt vollständig zerstört. Es folgten die Jahre der Teilung, in denen sich die Hauptstadt der DDR und Westberlin – die von der Mauer umschlossene »Insel der Freiheit« – getrennt voneinander entwickelten, bis der Mauerfall im Jahr 1989 ein neues Kapitel in der deutschen Geschichte einläutete und die Stadt von Neuem von Grund auf veränderte. Heute ziert Graffiti-Kunst die Überreste des Eisernen Vorhangs, ehemals heruntergekommene Viertel verwandeln sich in angesagte Szene-Bezirke, und die Stadt steht für Toleranz, Kreativität und die Kraft der Veränderung.

Der modernen Dynamik Berlins stehen Orte in Deutschland gegenüber, in denen die Zeit seit Jahrhunderten stehengeblieben zu sein scheint: Historische Schlösser und Burgen erheben sich in malerischen Naturlandschaften. Im Süden Deutschlands gehen viele dieser Postkartenansichten auf den bayerischen König Ludwig II. zurück – nicht zuletzt das weltberühmte Schloss Neuschwanstein.

Eine interessante Tatsache

Schloss Neuschwanstein scheint einem mittelalterlichen Märchen entsprungen, doch sein Bau begann erst 1869, zu einer Zeit, als die Industrialisierung Europas bereits in vollem Gange war. Schon für seinen Erbauer, den »Märchenkönig« Ludwig II., war es also das, was es heute für uns ist: Ausdruck einer romantischen Sehnsucht nach längst vergangenen Zeiten.

Aus dem Reisejournal

»Wir waren so begeistert vom Sieg der deutschen Fußball-Nationalmannschaft über das Team des Gastgeberlands Brasilien bei der Fußball-Weltmeisterschaft 2014, dass wir uns spontan entschlossen haben, eine virtuelle Tour über Berlin aus der Vogelperspektive auf unsere Website zu stellen – als Gratulation an die deutschen Fans und an alle Fußballfans dieser Welt anlässlich dieses außergewöhnlichen Spiels.

Dem deutschen Team gelang am 8. Juli 2014 im Mineirão-Stadion in der brasilianischen Stadt Belo Horizonte das scheinbar Unmögliche: Die brasilianische Mannschaft musste im Halbfinale eine Niederlage einstecken, und zwar mit einem Endstand, der im Profifußball absolut untypisch ist – sieben zu eins! Nie zuvor in der Geschichte der Fußballweltmeisterschaft hat ein brasilianisches Team so hoch verloren. Es war das großartige Spiel der deutschen Mannschaft, das dieses fantastische Ergebnis möglich machte – wir gratulieren mit ebenso fantastischen Luftaufnahmen.«

Berliner Siegessäule Die Siegessäule wurde von 1864 bis 1873 als Nationaldenkmal errichtet. Gekrönt wird das Denkmal von einer Skulptur der Viktoria, im Volksmund »Goldelse« genannt.

Neuschwanstein Das Schloss Neuschwanstein in der Nähe von Hohenschwangau bei Füssen wirkt, als sei es einem Märchen entsprungen (nachfolgende Doppelseite).

DIE ALPEN UND ST. MORITZ

DER SCHWEIZER FERIENORT in den Alpen war ursprünglich kein Winterparadies. Bis zur Mitte des 19. Jahrhunderts kamen die Urlauber wegen der frischen Bergluft hierher und um sich in den thermalen Heilstätten auszukurieren. Das Frühjahr war dabei die Hauptreisezeit – im Winter herrschte hier gähnende Leere. Es heißt, dass ein ehrgeiziger Hotelbesitzer die Situation radikal veränderte, indem er einige Herren aus London während der »Nebensaison« nach St. Moritz einlud. Er versprach sogar, die Kosten für die Rückreise zu übernehmen, falls ihnen der Urlaub nicht gefallen sollte. Die Herrschaften waren offenbar zufrieden, und seitdem ist der Ferienort das ganze Jahr über ein beliebtes und belebtes Reiseziel. Das wachsende Interesse am Skisport beschert der Ortschaft heute vor allem im Winter Besucherzahlen auf Rekordniveau.

Eine interessante Tatsache

St. Moritz war in den Jahren 1928 und 1948 Austragungsort der Olympischen Winterspiele. Lediglich in Innsbruck und Lake Placid fanden die Spiele ebenfalls zweimal statt.

In St. Moritz ist der alpine Skisport entstanden, ebenso wie das Bobfahren und der winterliche Bergtourismus, bei dem sich gut situierte Herrschaften amüsierten. Diese Tradition wird auch von den heutigen Stammgästen weitergeführt, unter denen angeblich nicht weniger als fünfzig Milliardäre sein sollen.

In St. Moritz werden auch Golfturniere im Schnee ausgetragen – gespielt wird mit einem roten Ball auf einem gefrorenen See. Eine weitere außergewöhnliche Sportart ist das Skijöring, bei dem sich ein Skifahrer an einem Seil von einem Pferd ziehen lässt.

Der Ferienort war schon immer eine eher elitäre Gegend und ist mittlerweile zu einem Synonym für »fashionable« geworden – denn wo sonst trifft man auf einen Stau von Cadillacs, auf Damen in Chinchillafell-Mänteln und auf Herren, die entspannt mit ihrem Privatflugzeug anreisen? Die bedeutendste Sehenswürdigkeit von St. Moritz ist aber immer noch die Natur, die man mit eigenen Augen gesehen haben sollte.

Aus dem Reisejournal

»Banale und alltägliche Dinge bekommen in den Bergen eine neue Bedeutung. Es stellte sich heraus, dass der kleine lokale Flughafen von St. Moritz, der nur eine Start- und Landebahn besitzt, aufgrund der ständigen Katastrophengefahr keine Linienflüge mehr führt. Für die schwach motorisierten, leichten Hubschrauber, die vom Tal aus hochfliegen, ist es nicht einfach, hier oben in die Luft zu gehen, vor allem wenn sie beladen und vollgetankt sind. Die Piloten können nicht wie sonst üblich senkrecht starten, sondern müssen wie ein Flugzeug auf der Startbahn beschleunigen, um dann an Höhe zu gewinnen – und das alles wegen der dünnen Bergluft, insbesondere im Sommer.«

Matterhorn Das 4478 Meter hohe Matterhorn ist eine Herausforderung für Bergsteiger und nicht zuletzt wegen seiner markanten Form weltberühmt.

Alpenkette Von oben betrachtet offenbaren die touristisch weitgehend erschlossenen Alpen die raue, natürliche Schönheit ihrer schneebedeckten Gipfellandschaften (nachfolgende Doppelseite).

ROMANTISCHES PARIS

PARIS IST ABSOLUT ZAUBERHAFT und ein Ort, an dem man auf jeden Fall gewesen sein muss, und sei es auch nur einmal. Plätze, Straßen, Kais, Boulevards und natürlich die entzückende Seine – die Uhren ticken hier anders, und alles fühlt sich einfach großzügiger an. Fast jedes Haus im historischen Teil von Paris ist ein architektonisches Meisterwerk mit einer einmaligen Geschichte. Um durch all die kleinen Gässchen zu schlendern, die in der Literatur und in Kinofilmen festgehalten wurden, die berühmten Museen zu besuchen und sich neben den beliebtesten Sehenswürdigkeiten fotografieren zu lassen, würde wohl noch nicht einmal ein Jahr ausreichen.

Eine interessante Tatsache

Der Eiffelturm, ein Wahrzeichen Frankreichs, sollte eigentlich nur für kurze Zeit stehen bleiben. Er wurde im Jahr 1889 anlässlich des hundertsten Jahrestags der Französischen Revolution für eine Weltausstellung erbaut und sollte ursprünglich nach 20 Jahren wieder abgebaut werden, doch dank seiner sehr schnell erlangten Popularität beschloss man, ihn stehen zu lassen.

Der Eiffelturm ist heute eine der bekanntesten Sehenswürdigkeiten nicht nur von Paris, sondern der ganzen Welt. Das metallene Bauwerk mit seinen 300 Metern Höhe wird entweder geliebt oder – zumindest am Anfang seiner Existenz – zutiefst gehasst. Fest steht, dass annähernd jeder zweite Paris-Tourist zuerst zum Eiffelturm geht, um sich vor der »eisernen Dame« fotografieren zu lassen. Die 125 Jahre alte Dame hat keine Ruhe vor ihren Bewunderern: Vom Moment seiner Fertigstellung bis heute wurde der Eiffelturm von etwa 200 Millionen Menschen besucht.

Aus dem Reisejournal

»Im August ist Paris eine ganz besondere Stadt! Wir haben uns keinen bestimmten Zeitraum ausgesucht, wir sind einfach gekommen. Wir mieteten uns ein Auto, malten uns endlose Staus auf der Champs-Élysées und Schwierigkeiten mit den gebührenpflichtigen Parkplätzen aus – und konnten unseren Augen kaum trauen: Halbleere Straßen, freie Parkplätze im Herzen von Paris, sogar die Parkautomaten waren ausgestellt. Der Portier erklärte uns, dass Urlaubszeit sei, die Pariser hätten die heiße Hauptstadt verlassen, und die Stadtverwaltung stelle die Parkplätze kostenlos zur Verfügung. Von diesem Moment an waren wir in der Lage, uns nur noch auf den Schöpfungsprozess der Aufnahmearbeiten zu konzentrieren.«

Arc de Triomphe Dieses Bild des Arc de Triomphe mit den auseinanderlaufenden ›Strahlen‹ hatten wir nicht im Voraus geplant – es war einer dieser seltenen Momente, in dem das Motiv im Prozess des Entstehens geboren wird.

Eiffelturm Wunderschöne Wolken schwebten am Himmel, als unter besten Bedingungen dieses wunderschöne Bild des Eiffelturms entstand (nachfolgende Doppelseite).

GOLDENES PRAG

IM VERGLEICH zu London, Paris, Berlin und anderen glänzenden Metropolen mutet das altertümliche Prag wie ein bescheidener und zugleich zauberhafter Ort in der europäischen Provinz an. Die romantischen Prager Gassen, Kirchen, Paläste, Plätze und Gärten sind erfüllt von einer Atmosphäre der Gemütlichkeit und Gastlichkeit.

Prag eignet sich ideal für ausgedehnte Spaziergänge. Während man die alten Viertel entdeckt und in berühmte Prager Gaststätten einkehrt, kommt man mit der lebendigen Architekturgeschichte der Stadt in Berührung. Die wohl malerischste unter den vielen Brücken der Stadt ist die berühmte mittelalterliche Karlsbrücke, die von 16 steinernen Bögen gestützt wird. Beide Seiten der Brücke werden von 30 barocken Skulpturen geschmückt, die verschiedene Heilige darstellen.

Eine interessante Tatsache

Die schmalste Straße in Prag ist nur 70 Zentimeter breit – ein kleiner Durchgang zwischen zwei Häuserreihen, der zum Fluss hinabführt. Dennoch steht dort eine spezielle Ampel, um die Besucher dieses Ortes problemlos durch den engen Gang zu lotsen.

Aus dem Reisejournal

»Nachdem wir unseren regulären Dreh in der Nähe des Veitsdoms abgeschlossen hatten, entschieden wir, näher an den Dom heranzugehen, was uns jedoch nicht gelang, denn plötzlich spürten wir einen heißen Atem im Nacken – ein junger Polizist stand hinter uns. Er führte uns zu einem unscheinbaren Eingang der Polizeiwache, und wir begriffen, dass wir wohl ein erstes Problem hatten. Auf der Wache erschien ein Offizier in weißem Hemd, der uns zunächst ignorierte und seinen Untergebenen scharfe Befehle erteilte. Nach einiger Zeit erklärte uns ein Dolmetscher, dass unser Flugmanöver – direkt unter den Bürofenstern des tschechischen Präsidenten – als Bedrohung der Staatssicherheit betrachtet würde und dass wir entsprechende Behandlung erfahren sollten.

Nach einer halben Stunde war der strenge Offizier jedoch gar nicht mehr so streng. Überzeugt, dass wir keine Terroristen waren, verschwand er immer wieder im Inneren seiner Polizeistation und tauchte jedes Mal mit einem breiteren Lächeln wieder auf. Nach einer weiteren halben Stunde war auch unsere Überprüfung abgeschlossen. Wir bekamen alles wieder zurück, und man wünschte uns einen guten Tag. Um ganz ehrlich zu sein, wir nahmen an, dass man die Aufnahmen, die uns in diese Lage gebracht hatten, gelöscht hätte, aber wir irrten uns: Alle Aufnahmen wurden uns großzügig überlassen.«

Prag In dieser Stadt mit einer jahrhundertealten Geschichte herrscht eine behaglich familiäre Atmosphäre. Zahlreiche Brücken verbinden hier die beiden Ufer der Moldau.

Prager Burg Auf dem hügeligen rechten Ufer der schönen Moldau befindet sich die wichtigste Sehenswürdigkeit der tschechischen Hauptstadt: die Prager Burg. Sie war einst die Residenz der mittelalterlichen Fürsten und Könige und ist auch heute noch Amtssitz des Staatsoberhauptes – des Präsidenten der Tschechischen Republik. Der eigentliche Schatz der Prager Burg ist jedoch der gotische Veitsdom, dessen Bauzeit rund 600 Jahre betrug. Die Art, wie sich dieses gewaltige Bauwerk aus Stein gen Himmel richtet, lässt es sehr leicht und luftig wirken.

ARCHITEKTURWUNDER BARCELONA

DER LEGENDE NACH wurde Barcelona von Herakles gegründet und ist demnach älter als Rom. Heute bringt man die katalanische Stadt jedoch eher mit dem Architekten Antoni Gaudí in Verbindung, dessen berühmte und skurrile Bauten wie der fantastische Park Güell, die Häuser Casa Batlló und Casa Milà und natürlich die Basilika Sagrada Familia die Wahrzeichen der Stadt sind.

Es heißt, dass der Stil Gaudís stark durch Erlebnisse in seiner Kindheit, die er am Meer verbrachte, geprägt wurde – alle seine Bauten erinnern an Sandburgen. Barcelonas Hafen ist mit seinen mehr als 2000 Jahren der älteste Hafen im Mittelmeer, und ausgerechnet hierher kehrte Christoph Kolumbus nach seiner großen Reise zurück. Ihm zu Ehren wurde Ende des 19. Jahrhunderts auf der La Rambla, der berühmtesten Promenade der Stadt, ein 60 Meter hohes Denkmal errichtet.

Eine interessante Tatsache

Obwohl Barcelona an der Küste liegt und Kurortstatus hat, war hier noch bis vor ein paar Jahrzehnten kein einziger Strand zu finden! Der erste Strand wurde erst zur Eröffnung der Olympischen Sommerspiele im Jahr 1992 angelegt.

Das gotische Viertel ist historisch gesehen ein absolutes Highlight. Hier sind zahlreiche mittelalterliche Bauten erhalten geblieben, einschließlich der schönsten Kathedralen: der Catedral de la Santa Creu i Santa Eulàlia und der Basilika La Mercè. Man kann stundenlang durch die engen Gässchen des Viertels schlendern.

Wer den Tibidabo besteigen möchte – mit 500 Metern über dem Meeresspiegel der höchste Punkt Barcelonas –, der kann in die über 100 Jahre alte Seilbahn steigen und Barcelona aus der Vogelperspektive betrachten.

Zu den zahlreichen Sehenswürdigkeiten der katalanischen Hauptstadt zählt auch das Stadion des »FC Barcelona«. Es ist das größte Stadion Europas und das fünftgrößte der Welt, und es bietet Platz für fast 100 000 Menschen.

Aus dem Reisejournal

»Barcelona gehört zu den schönsten Städten Europas. Wir verbinden die Hauptstadt Kataloniens immer mit dem Namen des genialen Architekten Antoni Gaudí. Jedes seiner Bauwerke ist so einzigartig, dass es keinem anderen ähnelt. Hat man einmal ein von ihm entworfenes Gebäude, einen Balkon oder eine seiner Spiralen betrachtet, findet man seine Handschrift auch in anderen Werken wieder. Schon aus diesem Grund haben wir versucht, alle bedeutenden Kreationen des Meisters aus der Luft festzuhalten. Besonders beeindruckt waren wir von der Basilika Sagrada Familia und ihren majestätischen Formen. Mithilfe der Fotobearbeitung versuchten wir darzustellen, wie die Sagrada Familia ohne Baugerüste und Kräne aussehen könnte.«

Sagrada Familia Der Bau der Basilika begann schon im Jahr 1884 und ist bis heute nicht abgeschlossen. Doch auch unvollendet hinterlässt diese Kathedrale einen imposanten Eindruck.

Barcelona Antoni Gaudí prägte Barcelona durch einzigartige architektonische Meisterwerke – so bietet es sich an, die Stadt durch ebenso außergewöhnliche Perspektiven in Szene zu setzen (nachfolgende Doppelseite).

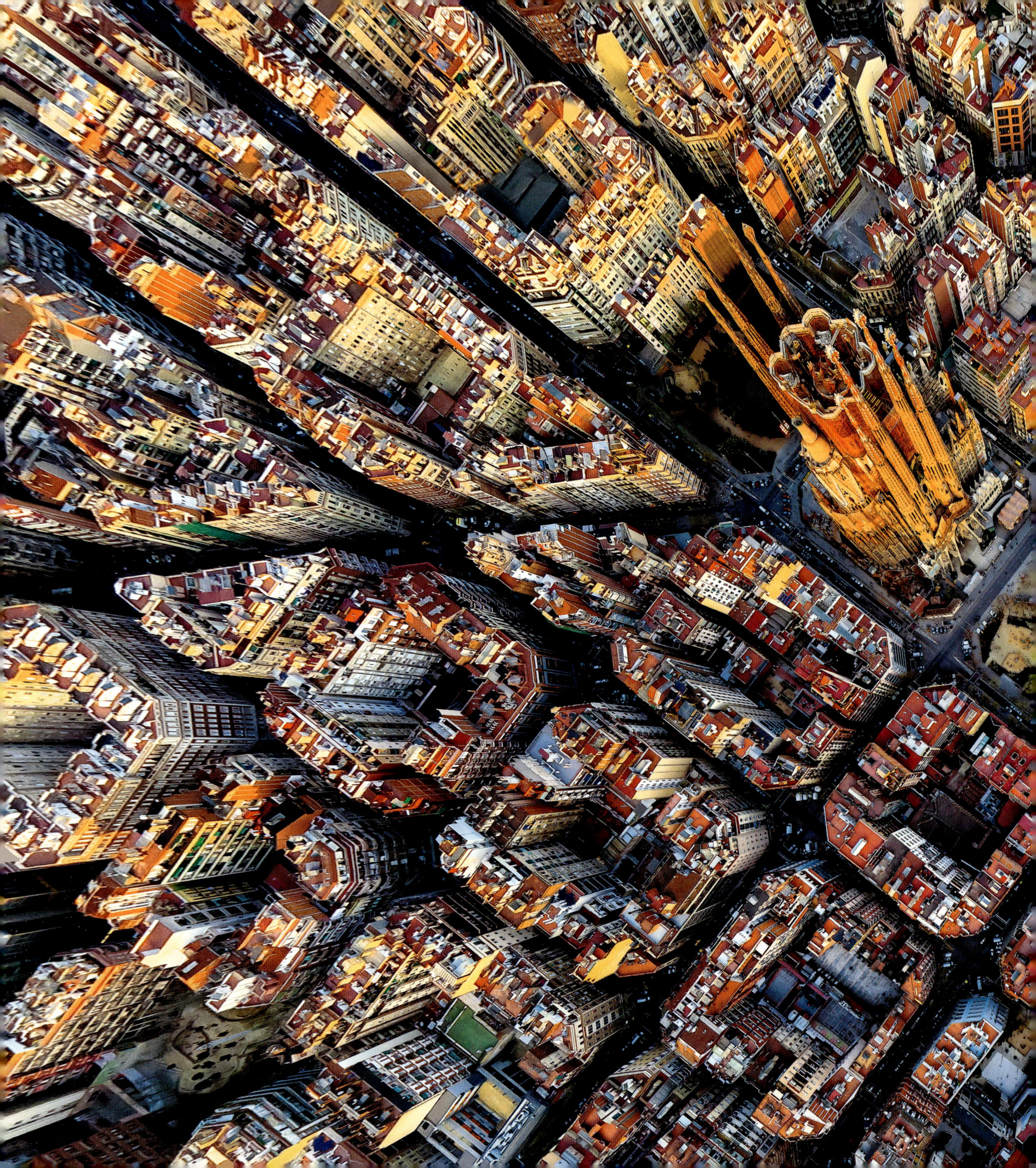

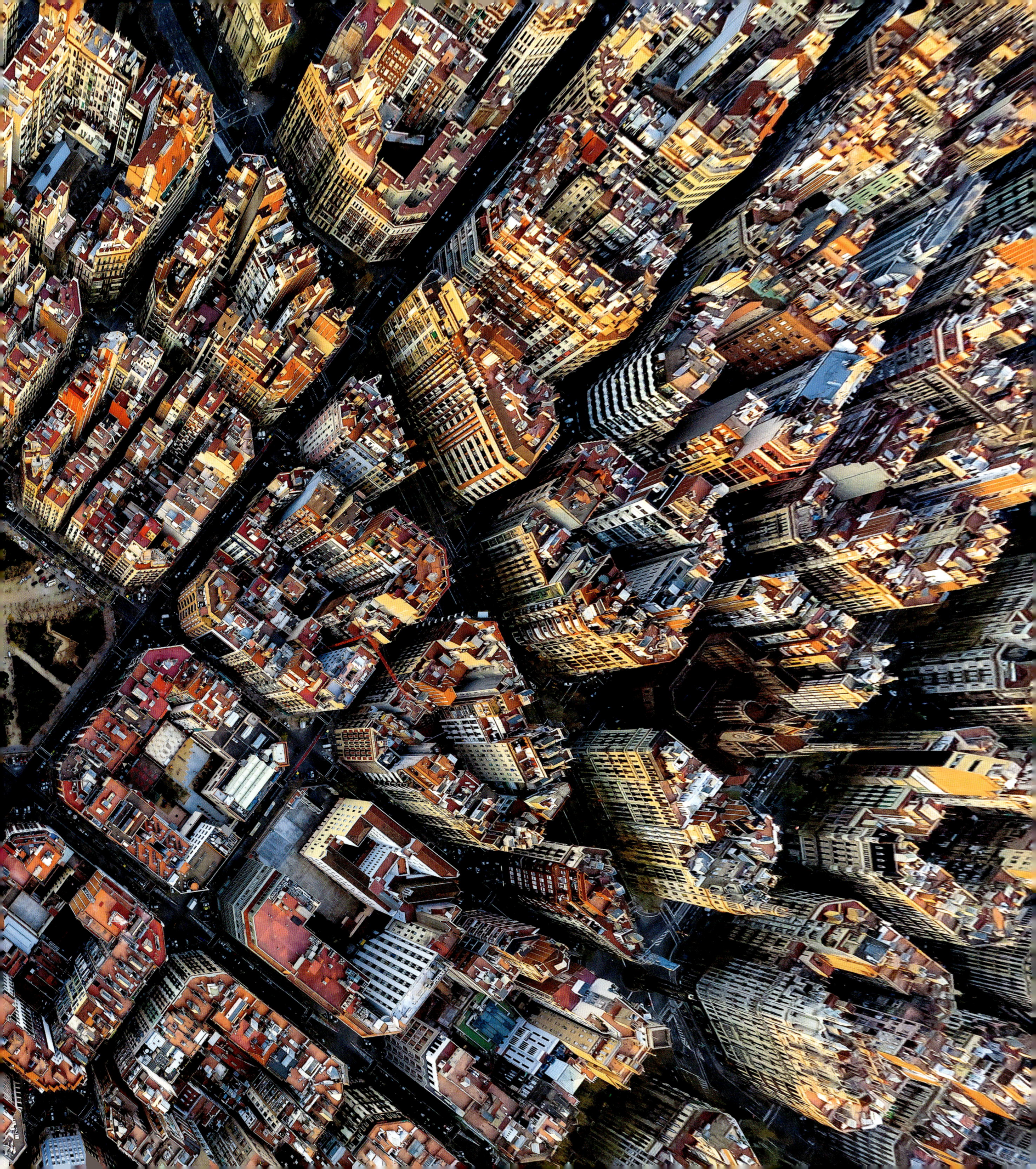

Barcelona Die Straßen und Gässchen der bunten Stadtviertel Barcelonas laden Scharen von Touristen dazu ein, sich treiben zu lassen und dabei alte und neue architektonische Perlen ausfindig zu machen. Uns wiederum bietet sich ein ganz anderes, ungewöhnliches Bild: Aus der Vogelperspektive wirken die Häuserblocks akkurat geordnet und offenbaren doch zugleich eine lebendige Vielfalt in den vor neugierigen Blicken verborgenen Innenhöfen und sogar auf den farbenfrohen Dächern der Häuser.

SANTORIN, EIN TRAUM IN WEISS

SANTORIN, von den Griechen auch Thira genannt, ist eine der schönsten griechischen Inseln im Ägäischen Meer. Die Insel ist vulkanischen Ursprungs und soll zu Zeiten der Argonauten angeblich noch eine runde Form gehabt haben. Die heutige Halbmondform bildete sich demnach erst nach dem Ausbruch des Inselvulkans, bei dem die ganze Bevölkerung Thiras ums Leben kam – und auf der benachbarten griechischen Insel Kreta, die nur etwas mehr als 100 Kilometer entfernt liegt, soll eine gigantische Welle die minoische Kultur vernichtet haben.

Eine interessante Tatsache

Auf Santorin wurden die meisten Gebäude nach dem verheerenden Erdbeben im Jahr 1956 von Grund auf erneuert. Es gibt Forscher – zu denen auch der berühmte Jacques-Yves Cousteau zählte –, die vermuten, dass die Siedlungen, die bis 1500 v. Chr. (Zeitpunkt des katastrophalen Vulkanausbruchs) auf Santorin existierten, zu Atlantis gehörten. Demnach hätte die Naturkatastrophe auf der kleinen Insel den Lauf der Weltgeschichte verändert. So wurde eine der wohl geheimnisvollsten Legenden der Menschheit über den Untergang einer Zivilisation talentierter und schöner Menschen geboren.

Aus dem Reisejournal

»Bei der Organisation unserer Reise auf die Insel Santorin halfen uns einige sehr gastfreundliche Griechen. Sie meldeten sich auf die Bitte hin, uns bei der Beschaffung von Drehgenehmigungen zu unterstützen, und kümmerten sich auch um die Unterbringung, den Transport und die Logistik – sie nahmen so einige Kosten auf sich. Solche freundlichen Gastgeber haben wir bisher noch in keinem Land der Welt getroffen.

Auf Santorin hat es niemand eilig, und der entspannte Blick gleitet über erstaunliche Details, die so aussehen, als ob sie sorgfältig von einem Künstler ausgewählt worden sind. Seien es die weißblauen Stufen oder eine schlafende schwarze Katze auf einem weißen Geländer – irgendwie herrscht hier überall eine besondere und bezaubernde Atmosphäre. Eine wunderschöne Insel, die nicht nur die Linse unserer Kamera auszufüllen vermochte, sondern auch unsere Seelen.«

Santorin Im Licht der Abendsonne ist die friedvolle Atmosphäre der wunderschönen Insel Santorin besonders deutlich spürbar.

Santorin Ein großer Teil der Gebäude auf Santorin ist in weiß-blauen Farbtönen gehalten, die den Ortschaften ein malerisches Erscheinungsbild verleihen (nachfolgende Doppelseite).

Ia Santorin Santorin zieht heute vor allem kreative Menschen an. Das Künstlerdorf Ia, das dem aus der Antike überlieferten Ort Oia entspricht, ist ein Mekka für Maler, Fotografen, Schriftsteller und Dichter. Hier geht es allein um die Kreativität, die sich an diesem bezaubernden Fleckchen Erde ganz frei entfalten kann. Es heißt, dass es auf Santorin die schönsten Sonnenuntergänge gibt, und bis heute fährt an diesem Ort kein einziges Auto: Für die Versorgung der Geschäfte, die Beförderung des Gepäcks und die Müllabfuhr werden noch immer Esel eingesetzt.

ISLANDS WILDE SCHÖNHEIT

IM 9. JAHRHUNDERT war diese wüstenartige Insel menschenleer und mit Eis bedeckt. Heute befindet sich mit der Hauptstadt Reykjavik eine moderne Metropole auf Island – und das buchstäblich mitten im Grünen. Dabei unterscheidet sich die Pflanzenwelt Reykjaviks stark von der außerhalb der Stadt.

Die jährliche Durchschnittstemperatur sinkt nicht unter 4 Grad Celsius. Es gibt keine Polarnächte in Island: Der größte Teil des Landes liegt unterhalb des Polarkreises. Dennoch ist die Sonne im Winter natürlich selten zu sehen – und wenn sie doch erscheint, dann nur für wenige Stunden. Im Sommer hingegen können die weißen Nächte bewundert werden.

Eine interessante Tatsache

In Island ist das Wasser so sauber, dass Leitungswasser ohne Vorbehandlung getrunken werden kann. Herkömmliche Heizquellen werden in der Regel nicht benötigt, da der Dampf und das kochende Wasser aus den Thermalquellen die Häuser von 85 Prozent der Einwohner direkt versorgen.

Vulkane und Geysire, die von Islandbesuchern bewundert werden, haben hier einen ganz praktischen Nutzen: Sie dienen der Energieerzeugung. Die Natur liefert den Isländern eine so große Menge Strom, dass damit der Bedarf von ganz Europa gedeckt werden könnte, doch der Energietransport ist unglaublich kostspielig.

Aus dem Reisejournal

»Die weißen Nächte hatten schon begonnen – zwischen Sonnenuntergang und Sonnenaufgang lagen nur noch 3,5 Stunden. Und nur noch diese 3,5 Stunden trennten uns von der Eroberung des größten Gletschers Europas und der Aufnahme des Vulkans Grímsvötn. Die isländischen Gletscher sind mit einer dicken Schneeschicht bedeckt, sodass man sich mithilfe eines speziellen Geländewagens leicht auf ihnen fortbewegen kann – jedoch nicht an jenem Tag. Die Asche des eruptierenden Vulkans beschichtete ungleichmäßig das Eis, und dort, wo sich eine dünne Schicht der schwarzen Asche bildete, heizte die Sonne die Oberfläche auf, und das Eis fing an zu tauen. Der Geländewagen rutschte und schaukelte so sehr, dass wir bei der Ankunft am Grímsvötn erleichtert aus dem Jeep fielen. Der Krater war aber noch zwei Kilometer entfernt. Aus so einer Entfernung fertigt man keine Kugelpanoramen an, deshalb fuhr der Jeep doch noch weiter und näherte sich dem Krater von der Südseite aus – fast kriechend und stets bemüht, die Bodenhaftung nicht zu verlieren. Als nur noch 500 Meter übrig waren, brachen wir schließlich auf – ein Seil um den Körper gewickelt als einzige Sicherheit. Eine halbe Stunde vor Sonnenaufgang gelangten wir zu einem kleinen Nebenkrater. Es vergingen noch weitere 5 Stunden, in denen wir den einmaligen Moment abwarteten, in dem das Licht der Sonne auf den kleinen rauchenden Kegel inmitten des Sees fiel.«

Seljalandsfoss Wie ein Auge scheint diese Aufnahme des Wasserfalls Seljalandsfoss den Betrachter direkt anzublicken.

Stórasúla Die Landschaft rund um den Berg Stórasúla ist typisch für Island: Von Bäumen keine Spur, lediglich ein Prozent des ganzes Landes ist bewaldet (nachfolgende Doppelseite).

Jökulsárlón Eisschollen und treibende Eisberge sammeln sich auf der Oberfläche des Sees Jökulsárlón, der im Licht der tief stehenden Sonne einen eindrucksvollen Anblick bietet. Er zählt zu den bekanntesten und größten Gletscherseen Islands und ist mit einer Tiefe von 248 Metern auch der tiefste See des Landes. Der Jökulsárlón befindet sich am Südrand des Vatnajökull, des größten Gletschers Europas. Insgesamt sind 10 Prozent der Fläche Islands von Gletschern bedeckt. Durch die Schmelze des Gletschers ist der See mittlerweile auf eine Größe von 18 Quadratkilometern angewachsen.

MOSKAUER PRACHT: DER KREML

DER MOSKAUER KREML ist eine der wichtigsten Sehenswürdigkeiten und zugleich das Wahrzeichen der Stadt Moskau. Das architektonische Ensemble wurde im 15. Jahrhundert errichtet, und seine grundlegende Gestalt wurde trotz großer Umbaumaßnahmen nicht verändert. Der Kreml blieb die königliche Residenz bis zur Herrschaft des Zaren Peter I. Nachdem im Jahr 1918 entschieden worden war, die Hauptstadt wieder nach Moskau zu verlegen, fand die russische Regierung ihren Sitz im Kreml. Leider wurden schon in den 1920er-Jahren einige Bauten innerhalb der Festungsmauern abgerissen. Seit 1937 zieren statt des königlichen Doppeladlers – Symbol des Russischen Reiches – rubinrote Sterne die Türme des Kreml.

Eine interessante Tatsache

Während des Zweiten Weltkriegs wurde eine spezielle Form der Tarnung inszeniert, um den Kreml vor der Zerstörung zu retten: Auf die damals noch weißen Kremlmauern wurden Häuserfassaden mit zerbrochenen Fenstern gemalt, auf dem Roten Platz künstliche Straßen errichtet, und sogar das Lenin-Mausoleum wurde in ein Wohnhaus verwandelt.

Heute sind wir die roten Ziegelsteinwände gewohnt. Die Steine des Kreml waren jedoch weiß, bis man ab dem Jahr 1947 auf persönliche Anordnung Josef W. Stalins auf den weißen Anstrich verzichtete. Interessant ist außerdem, dass sich bis in die 1960er-Jahre Wohnungen auf dem Kreml-Territorium befanden. Dort lebten bis zur Oktoberrevolution ganz gewöhnliche Menschen – später enge Vertraute der Regierung. Es heißt, zuletzt sei Kliment Jefremowitsch Woroschilow ausgezogen, der von 1925 bis 1940 Verteidigungsminister der Sowjetunion war.

Bis 1974 blieb der Rote Platz für Fahrzeuge geöffnet. Heute können Autofahrer nur einen kleinen Teil der Kreml-Pflastersteine befahren, von der Iljinka-Straße in Richtung der Großen Moskwa-Brücke. Die UNESCO hat sowohl den Kreml als auch die Basilius-Kathedrale in ihr Weltkulturerbeverzeichnis aufgenommen.

Aus dem Reisejournal

»Aufnahmen auf dem Kreml-Gelände und dem Roten Platz sind strengstens verboten, ganz zu schweigen von Flügen mit dem Hubschrauber – und sei er nur ferngesteuert – über das Moskauer Zentrum. Während einer Sitzung der Russischen Geographischen Gesellschaft war eines Tages Wladimir Putin anwesend, und unser Kollege Sergej Semenov wandte sich mit der Bitte an ihn, den Moskauer Kreml aus der Luft aufnehmen zu dürfen. Der Präsident willigte ein, und einige Monate später konnte unser Hubschrauber die Kreml-Sterne, den Spasskaya-Turm mit dem Glockenspiel, den Glockenturm Ivan des Großen und die Basilius-Kathedrale überfliegen. Bisher ist es noch niemandem gelungen, den Kreml aus solch ungewöhnlichen Blickwinkeln aufzunehmen und auf Fotografien festzuhalten.«

Moskauer Kreml Seit 1937 zieren statt des königlichen Doppeladlers – Symbol des Russischen Reiches – rubinrote Sterne die Türme des Kreml.

Moskau Luftbildaufnahmen vom Moskauer Kreml aufnehmen zu können ist keine Selbstverständlichkeit. Es gelang uns jedoch, eine Genehmigung für unseren Flug mit dem Hubschrauber zu erhalten und so einzigartige Ansichten des Kremls und der Stadt Moskau im Bild festzuhalten. Dass wir in der Luft nicht allein waren, zeigt dieses Foto, auf dem die beiden Hubschrauber das farbenfrohe Stadtbild ergänzen.

Moskau Die winterliche Kälte hat die russische Hauptstadt fest im Griff, doch die berühmten goldenen Kuppeln und die Lichter der Stadt schaffen eine ebenso eindrucksvolle wie einladende Atmosphäre (nachfolgende Doppelseite).

44 EUROPA

ZARENSTADT SANKT PETERSBURG

SANKT PETERSBURG gehört zu den wenigen Städten der Welt, die in kürzester Zeit erbaut wurden – in diesem Fall auf Geheiß des Zaren. Hier finden sich noch viele historische Gebäude: Vom Obwodny-Kanal bis zur Newa und vom Alexander-Newski-Kloster bis zum Hafen sieht die Stadt noch genauso aus wie im Jahr 1917. Aus der Zeit Peters des Großen ist allerdings aufgrund zahlreicher Brände und Überschwemmungen nur noch wenig erhalten geblieben.

Eines der Wahrzeichen der Stadt ist die Peter-und-Paul-Festung mit der Kathedrale. Auf der anderen Seite der Newa befindet sich der Winterpalast, der nach dem Entwurf des Architekten Bartolomeo Francesco Rastrelli erbaut wurde. Am Ende des 18. Jahrhunderts hatte der Palast eine blassgelbe Farbe, Mitte des 19. Jahrhunderts wurde daraus ein intensives Terrakotta. Die Farbexperimente begannen mit den Bolschewiki: In den 1920er-Jahren wurde versucht, dem Gebäude die Farbe Grau zu verleihen, zu Beginn des Zweiten Weltkriegs wurde es orange und dann wieder grau gestrichen. Erst nach dem Krieg erhielt der Palast seinen heutigen smaragdgrünen Anstrich, jedoch plädieren Historiker dafür, zum anfänglichen, von Rastrelli vorgesehenen Gelb zurückzukehren.

Eine interessante Tatsache

Die Alexandersäule auf dem Schlossplatz ist 47,5 Meter hoch und wiegt 700 Tonnen. Sie ist jedoch nicht befestigt, sondern hält sich ausschließlich durch ihr Eigengewicht auf dem Postament.

Aus dem Reisejournal

»Unser Produktionsteam wartete so lange auf einen sonnigen Tag in Sankt Petersburg, dass man allein daraus schon eine Geschichte machen könnte. Die Einheimischen sagten uns, dass es mehrere Monate am Stück bewölkt sein könne, was wir anfangs nicht glauben wollten. Nach den Testaufnahmen, die natürlich im Regen stattfanden, wurden wir eines Besseren belehrt.

Einen ganzen Tag voll Sonnenschein erlebt man also nur selten in Sankt Petersburg. Wir saßen auf gepackten Koffern und warteten auf das Signal der Einheimischen. Nach dem ersehnten Anruf sausten wir in die Stadt, und nichts deutete auf Regen hin. Am Abend verließen wir Sankt Petersburg wieder – begleitet vom Grollen eines Gewitters. Große Regentropfen trommelten an die Fenster unseres Zugabteils, zum Glück war unsere Arbeit schon abgeschlossen.

Ein Jahr der Vorbereitung, mehr als einen Monat Warten auf gutes Wetter und 1,5 Stunden Flug über eine der schönsten Städte Russlands – das alles lag nun hinter uns.«

Schloss Peterhof Auf diesem Bild verwandelt sich die Palastanlage in eine prachtvolle Kugel, die am Himmel zu schweben scheint.

St. Petersburg Es ist wohl eine historische Besonderheit, dass sich eine strikt nach Plan errichtete Stadt als überaus geeignet für das alltägliche Leben erwiesen hat und zugleich die ursprüngliche Konzeption weitgehend bewahren konnte (nachfolgende Doppelseite).

KIRCHENBAUKUNST AN DER NERL

DIE MARIÄ-SCHUTZ-UND-FÜRBITTE-KIRCHE an der Nerl ist ein UNESCO-Weltkulturerbe und ein bedeutendes architektonisches Beispiel der Wladimir-Susdal-Schule aus dem 12. Jahrhundert. Ursprünglich waren die Kuppeln helmartig, und um die Kirche herum war eine Galerie. Das Gefälle des künstlich angelegten Hügels, auf dem die Kirche steht, war mit weißem Stein verkleidet, und zum Wasser führte eine breite Treppe. Etliche Male wurde versucht, die Kirche zu zerstören. Im Jahr 1784 sollten die Ziegel der Kirche für den Bau eines neuen Glockenturms genutzt werden, jedoch reichte das Geld für dieses Projekt nicht aus. Im 19. Jahrhundert wurden die Malereien im Inneren der Kirche zerstört und die Skulpturen, welche die Kirche von außen schmückten, niedergerissen. In der russischen Architektur sind solche Skulpturen als Dekoration von Kirchenwänden eine eher untypische Erscheinung. Die Forscher sind sich bis heute uneinig, ob diese Schmuckelemente auf westlichen Einflüssen beruhen (für den Bau der Kirche lud Andrej Bogoljubskij den höfischen Baumeister von Friedrich I. Barbarossa ein) oder aber auf georgischen (ähnliche Schnitzereien sind in der Swetizchoweli-Kathedrale in der Stadt Mzcheta erhalten geblieben).

Eine interessante Tatsache

Ungewöhnlich ist auch die Entstehungsgeschichte der Kirche. Der Legende nach floh Fürst Andrej Bogoljubskij gegen den Willen seines Vaters mit der Ikone der Gottesmutter, die der Überlieferung nach einst vom Evangelisten Lukas gemalt worden war, aus Kiew und fand sich durch einen wundersamen Zufall in Wladimir wieder: Angeblich blieben die Pferde wie angewurzelt stehen und weigerten sich, weiterzugehen. Das Geschehen wurde als ein Zeichen gedeutet und an diesem Ort wurden eine Festung mit weißen Mauern und ein Kloster errichtet.

Aus dem Reisejournal

»Im Radio wurde berichtet, dass rund um Wladimir der Ausnahmezustand ausgerufen wurde: Durch ein noch nie dagewesenes Hochwasser wurden etwa 500 Häuser überflutet. Uns wurde klar, dass wir mit unseren Aufnahmen beginnen mussten, bevor das Wasser zurückgehen würde. Wir entschieden uns, sofort hinauszufahren, um bis zum Morgengrauen vor Ort zu sein. Das Schlauchboot, das wir gekauft hatten, haben wir uns eine Stunde vor Abfahrt – etwa gegen Mitternacht – liefern lassen. Mehr als drei Stunden kämpften wir mit der Straße und der Müdigkeit und kamen schließlich am Bahnhof von Bogoljubov an. Um vier Uhr morgens waren die Straßen dunkel und menschenleer. Nach dem vergeblichen Versuch, die Gebrauchsanleitung im trüben Taschenlampenlicht zu entziffern, veranstalteten wir ein Brainstorming und schafften es letztendlich, unser Boot zusammenzubauen. Wir trugen es über den Damm und ließen es feierlich zu Wasser. Das Gebiet war wie erwartet völlig überschwemmt, und die Birken nahe den Eisenbahnschienen standen etwa einen Meter unter Wasser. Wegen des dichten Nebels entstand der Eindruck, wir stünden an einer Meeresküste: bis zum Horizont nur Wasser. Wir legten ohne zu zögern ab.«

Mariä-Schutz-und-Fürbitte-Kirche Die Sonne steht direkt hinter der Kirche – der perfekte Moment für ein unvergleichliches Foto.

Mariä-Schutz-und-Fürbitte-Kirche Auf diesem Bild ist deutlich das Ausmaß des Hochwassers rund um die Kirche zu sehen, das die gesamte Landschaft der Umgebung während unserer Aufnahmen überschwemmt hat. Bei einem solchen Hochwasser kann hier der Wasserstand bis auf 3,5 Meter ansteigen. Deshalb wurde für den Bau der Mariä-Schutz-und-Fürbitte-Kirche ein Hügel aufgeschüttet, und Fundamentstreifen wurden in eine Tiefe von mehr als 1,5 Metern gelegt; der Unterbau der Kirche reicht bis zu 5 Meter unter die Erde.

NATURWUNDER BAIKALSEE

DER BAIKALSEE ist der tiefste Süßwassersee der Erde, und er gehört zu den bekanntesten Sehenswürdigkeiten Russlands und der Welt. Im Jahr 1996 wurde der See von der UNESCO zum Weltnaturerbe erklärt.

Der Stausee hat eine Fläche von 31 722 Quadratkilometern, die Uferlinie ist 2000 Kilometer lang, und die maximale Tiefe beträgt 1642 Meter. Es gibt nur drei Seen auf der Welt, die tiefer als 1000 Meter sind: Neben dem Baikalsee sind das der Tanganjikasee in Afrika (1470 Meter) und das Kaspische Meer (1025 Meter). So wie das Kaspische Meer wird auch der Baikalsee aufgrund seiner Größe und Bekanntheit des Öfteren als »Meer« bezeichnet.

Eine interessante Tatsache

Der Baikalsee ist der größte natürliche Süßwasserspeicher der Welt. Würde man das gesamte Wasser des Sees einfrieren, aus dem Eis Eiswürfel im Umfang von 1 Kubikkilometer anfertigen und diese hintereinander aufreihen, dann würde diese Reihe vom Nordpol bis zum Südpol und noch etwa 2500 Kilometer weiter reichen.

Der Baikalsee ist etwa 25 bis 35 Millionen Jahre alt, sein Ursprung jedoch sorgt weiter für hitzige Diskussionen. Die meisten Seen leben durchschnittlich 10 000 bis 15 000 Jahre, laufen schließlich mit schlammigem Niederschlag voll und versumpfen. Aber der Baikalsee zeigt keine Anzeichen von »Alterung«, seine Tiefe nimmt nicht ab, und darüber hinaus verdrängt er das Festland um etwa zwei Zentimeter pro Jahr. Einige behaupten sogar, dass hier ein neuer Ozean entstünde.

Neben der einzigartigen biologischen Vielfalt und der Schönheit der Landschaften ist der Baikalsee auch für sein klares Wasser berühmt: Man kann bis zu 40 Meter tief sehen. Das Wasser des Sees ist sozusagen lebendig, in ihm ist die maximale Menge Sauerstoff gelöst. Das ist vor allem dem Phytoplankton zu verdanken, der als ein natürlicher Filter fungiert.

Aus dem Reisejournal

»Für die Aufnahmen verließen wir das Hotel schon vor Sonnenaufgang. Die 30 Kilometer lange Strecke zum Cape Khoboy war schneebedeckt – den ganzen Weg schlugen wir uns durch 50 Zentimeter hohe Schneeverwehungen. An solch einen verschneiten Baikalsee konnten sich noch nicht einmal die Alteingesessenen erinnern. Sobald jedoch der Morgen anbrach, umfuhren wir das Cape Khoboy und fanden uns im großen Meer wieder – der Schneefall war wie abgeschaltet. Die Insel Olchon war auf der einen Seite von riesigen Schneehaufen umgeben, und auf der anderen lagen kleine Schneehügel. Es heißt, dass viele, die das Eis des Baikalsees zum ersten Mal sehen, völlig überwältigt sind – unsere Teammitglieder können das nur bestätigen. Wir sprangen, rutschten umher und betrachteten die Risse und die verschiedenen Farben der Eisfläche.«

Baikalsee Der Anblick der gefrorenen Oberfläche des Baikalsees erinnert an eine Schlangenhaut.

Baikalsee Wir waren fasziniert vom Eis – es war sauber, glatt und transparent und zugleich gesprenkelt mit ausgefallenen Mustern aus Rissen und weißen Luftblasen (nachfolgende Doppelseite).

KAMTSCHATKAS UNBERÜHRTE NATUR

ZU SOWJETISCHEN ZEITEN war Kamtschatka eine geschlossene Region, in die keine Ausländer einreisen durften, und auch die Bürger des Landes benötigten eine spezielle Genehmigung. Dank solcher Einschränkungen ist es gelungen, die einzigartige Natur zu bewahren. Das berühmte Tal der Geysire und Vulkane befindet sich auf dem Gelände des beeindruckenden Kronozki-Naturreservats.

Auf der Halbinsel Kamtschatka finden sich einzigartige Populationen von Landsäugetieren wie zum Beispiel Zobel, Hermeline, Fischotter, Schneehasen, Bisamratten, Füchse, Elche, Rentiere, Dickhornschafe, Luchse, Polarwölfe, Vielfraße, Wiesel und natürlich die braunen Kamtschatkabären.

Eine interessante Tatsache

Die Vulkane sind die bedeutendste Sehenswürdigkeit der Halbinsel, dementsprechend sind sie auch auf der Flagge und dem Wappen Kamtschatkas abgebildet. Auch die meisten Souvenirs, die man auf Kamtschatka erwerben kann, stellen auf irgendeine Weise einen kegelförmigen Berg mit einem Krater dar.

Aus dem Reisejournal

»Im Anflug auf den Vulkan Tolbatschik wurde uns klar, was für ein unglaubliches Glück wir hatten! Der Berghang war fast wolkenfrei, und die Sicht reichte bis zum Horizont. Die Rauchsäule, die aus dem aktiven Kegel emporstieg, wurde von den Strahlen der aufgehenden Sonne erleuchtet. Wir nahmen direkten Kurs auf den Krater, flogen eine Kurve, und da war er! Aus der Nähe konnten wir beobachten, wie Lava aus dem Inneren des Kegels sprudelte. Ein fantastischer Anblick! Unvergesslich! Wir entfernten uns wieder, und etwa einen Kilometer vom Krater entfernt setzte der Hubschrauber zur Landung an.

Wir wanderten bis zu einem erstarrten Lavastrom. Weiterzugehen war beängstigend, denn der Boden unter unseren Füßen war heiß. Auf den Bildern erscheint die Lava, als wäre sie erkaltet, stellenweise liegt sie da wie Schnee. Wenn man jedoch ein wenig von der oberen Schicht entfernt, kann man eingefrorene Kamerabatterien auftauen, und gräbt man noch etwa weiter, beginnen die Sohlen der Stiefel zu schmelzen. Es gibt kreisförmige Risse in der Erde, aus denen Dampf und Gas hinausströmt. Direkt vor uns lag der Vulkankegel, in dessen Inneren im Sekundentakt Explosionen stattfinden, durch die Lava herausgeschleudert wird. Ein lautes Grollen war zu hören, und dieses faszinierende Schauspiel fesselte den Blick, doch die Arbeit musste weitergehen. Die Wintertage sind nur sehr kurz, und so kehrten wir zu unserem Mil MI-8 zurück, um rechtzeitig zum Sonnenuntergang loszufliegen.«

Caldera des Uson Der Vulkan Uson wurde bei einem Ausbruch vor 40 000 Jahren vollständig zerstört. Zurück blieb eine Caldera mit heißen Quellen und Schlammkesseln.

Tolbatschik Der aktive Vulkan Tolbatschik schleudert glühende Lava auf eine Höhe von bis zu 200 Metern heraus (nachfolgende Doppelseite).

Kurilensee Der Kurilensee ist ein Calderasee – entstanden vor rund 7600 Jahren bei einem gewaltigen Vulkanausbruch – unweit der Südspitze der russischen Kamtschatka. Er ist mit einer maximalen Tiefe von 316 Metern der zweittiefste See Russlands nach dem Baikalsee und liegt in 104 Metern Höhe. Mit etwas Glück kann man hier wild lebende Bären beim Lachsfang und beim Beerensuchen beobachten.

Kurilensee Intime Einblicke ins sibirische Kamtschatka, das bärenreichste Gebiet der Erde. Am Kurilensee leben 1000 Braunbären in einem Naturschutzgebiet, das bis vor einigen Jahren noch für Besucher unzugänglich war. Die Tiere trauen sich zum Teil bis auf Armeslänge an Menschen heran. Wie im Schlaraffenland inmitten von Lachsen sitzt dieser Braunpetz im seichten Wasser und genießt die paradiesischen Verhältnisse.

KAMTSCHATKAS UNBERÜHRTE NATUR

Caldera des Uson Der Vulkan Uson wurde bei einem Ausbruch vor 40 000 Jahren vollständig zerstört. Zurück blieb eine Caldera mit einem Durchmesser von 10 Kilometern, in der heiße Quellen zu finden sind. Solche heißen Quellen finden sich vielerorts auf der Halbinsel Kamtschatka, ebenso wie Schlammvulkane und brodelnde Seen. Außerdem gibt es hier mehr als 160 Vulkane, von denen 28 aktiv sind. Kamtschatka ist eine seismisch aktive Zone, und nicht allzu selten gibt es hier Erdbeben – manchmal sogar mit zerstörerischer Kraft.

ARCHITEKTUR OHNE GRENZEN: DUBAI

DUBAI – ein orientalisches Märchen, das mithilfe modernster Technik geschaffen wurde; es scheint fast so, als würde diese Stadt als die reichste aller Zeiten in die Menschheitsgeschichte eingehen. Alles in der Metropole ist gigantisch, und Mäßigung und Bescheidenheit beim Konsum sind hier nur schwer vorstellbar.

Noch in den 50er-Jahren des letzten Jahrhunderts gab es hier keine Telefonverbindung, und die erste Autobahn wurde erst 1963 gebaut. Im Jahr 1979 dagegen wurde das 39-stöckige und 149 Meter hohe World Trade Center eingeweiht – damals das höchste Gebäude im Nahen Osten.

Eine interessante Tatsache

Aus der Menge an Sand und Steinen, die für den Bau der Palmeninsel in Dubai genutzt wurde, hätte man eine 2,5 Meter hohe Mauer rund um den Erdball errichten können. Allein durch die Aufschüttung der »Palme« wuchs die Küstenlinie Dubais um 56 Kilometer.

Das rasante Wirtschaftswachstum Dubais basierte auf dem Anstieg des Ölpreises nach dem Zweiten Golfkrieg. Doch es sind nicht allein die natürlichen Ressourcen, die der Stadt dieses Wunder bescherten, Öl gibt es schließlich auch in anderen Teilen der Welt. Doch nur Dubai lässt sich von Visionen für beeindruckende Bauprojekte leiten – vergleichbar mit berühmten Bauanlagen der Vergangenheit. Die erste dieser erstaunlichen Baukonstruktionen ist die künstliche Inselgruppe »The Palm, Jumeirah«, die mitten im Ozean durch das Aufschütten von Millionen Tonnen Sand und Stein entstanden ist. Die Insel wurde in Form einer Palme gestaltet – Palmen werden in dieser Gegend hoch geschätzt. Ihre Größe beträgt 25 Quadratkilometer, das ist in etwa so groß wie acht Fußballfelder. Luxushäuser besetzen jeden freien Meter auf der 16-blättrigen »Palme«, und obwohl die Bebauung sehr dicht ist, sind keine Wohnungen unter 1,5 Millionen US-Dollar zu finden.

Aus dem Reisejournal

»Als wir zum ersten Mal in die Vereinigten Arabischen Emirate reisten, dachten wir uns noch: ›Was soll nur der ganze Rummel um das Öl? Auf der Welt gibt es genug Öl, und mit der Wüste kann man auch niemanden beeindrucken. Die Vereinigten Arabischen Emirate liegen genau zwischen dem Persischen Golf und dem Golf von Oman, und dementsprechend sind natürlich auch ihre Strände wunderschön, doch warum sollten sie besser sein als die Ägyptens oder der Türkei?‹

Doch als wir Dubai mit eigenen Augen sahen, überkam uns das Gefühl, dieses Land läge auf einem anderen Planeten. Vor langer Zeit hatte es sich dieser Staat, dessen wichtigste ›Sehenswürdigkeiten‹ das Öl und die endlose Wüste waren, zur Aufgabe gemacht, der Menschheit so in Erinnerung zu bleiben wie kein anderes Land vor ihm. So beschloss er, die ganze Welt mit seinem Luxus und Reichtum zu blenden – und es scheint, als sei ihm das gelungen.«

Burj Khalifa Der 2010 eingeweihte Wolkenkratzer Burj Khalifa ist mit einer Höhe von 828 Metern das höchste Gebäude der Welt.

Dubai Aus der Vogelperspektive betrachtet wirkt die City von Dubai wie die fantastische Szenerie eines Science-Fiction-Films (nachfolgende Doppelseite).

The Palm, Jumeirah Eines der besten Beispiele für die außergewöhnlich visionären Bauprojekte, mit denen Dubai die ganze Welt beeindruckt, sind die durch Landgewinnung künstlich erschaffenen Palm Islands. Die hier abgebildete Insel »The Palm, Jumeirah« ist bereits bebaut worden. Durch sie verlängert sich die Küstenlinie Dubais um etwa 100 Kilometer. Luxushäuser besetzen jeden freien Meter auf der 16-blättrigen »Palme« – und obwohl die Bebauung sehr dicht ist, sind hier keine Wohnungen für einen Preis unter 1,5 Millionen US-Dollar zu haben.

GEHEIMNISVOLLES PETRA

DIE MITTEN IN DER ARABISCHEN WÜSTE in Stein gemeißelte Stadt Petra war einst ein großer Handelsknotenpunkt, der lange vor unserer Zeit entstanden ist und nacheinander von Edomiten, Nabatäern, Römern, Byzantinern und Arabern bewohnt wurde. Im 12. Jahrhundert eroberten die Kreuzritter die Stadt, danach geriet sie für mehrere Jahrhunderte in Vergessenheit. Es kursierten zwar weiterhin Legenden über eine Felsenstadt in Jordanien, aber die meisten sahen darin nicht mehr als ein schönes Märchen. Im Jahr 1812 brachte jedoch ein Bergführer, dessen Name nicht bekannt ist, den Schweizer Jean Louis Burckhardt nach Petra – danach entdeckten auch die Menschen in Europa die »Märchenstadt« neu.

Ein großer Teil der erhaltenen Gebäude besteht aus Grabstätten und Tempeln. Diese waren traditionell von gewaltiger Größe, denn sie wurden für die Ewigkeit gebaut. Doch in der Blütezeit, als in der Stadt etwa 20 000 Menschen lebten, waren hier auch gewöhnliche Häuser und Märkte, Badeanlagen und Theater zu finden. Ein großer Teil dieser Bauwerke ist jedoch der Witterung zum Opfer gefallen.

Eine interessante Tatsache

Die Namen der verschiedenen Denkmäler spiegeln nicht ihren wahren Zweck oder ihre Bedeutung wider. Da die Nabatäer keine Bezeichnungen in ihre Stadtpläne schrieben, basieren die Namen, welche die Araber den Bauten gaben, auf Mythen oder dem Erscheinungsbild der Stätten. So verdankt das Schatzhaus seinen Namen einer Legende über eine reiche Beute des Pharaos: Angeblich verlangsamte das hohe Gewicht des Schatzes die Armee des Pharaos so sehr, dass ein großer Teil der Kostbarkeiten im Felsen versteckt werden musste.

Aus dem Reisejournal

»Die Straße war vom Vollmond und den Kerzen beleuchtet, die am Straßenrand standen. Wir bewegten uns in fast völliger Stille – ohne jegliche Vorstellung davon, was uns an der nächsten Ecke erwarten würde. Der Weg verschwand im roten Felsen, und vor uns erschien eine schmale Öffnung. Das Mondlicht drang nicht mehr bis dorthin durch. Nach einer 40-minütigen Wanderung im Schatten der hoch aufragenden Felswände gelangten wir an einen von Felsen umgebenen Platz, der vom majestätischen Schatzhaus des Pharaos in seiner Mitte dominiert wurde.

Direkt in den Fels war mit unglaublicher Sorgfalt eine Fassade gemeißelt worden, die mit Säulen, Säulengängen, Statuen und Stufen versehen war, die sich bis zum Eingang in den dunklen Innenraum erstrecken. Das helle Licht von Hunderten von Kerzenflammen wurde von den Felsenwänden rund um den Platz zurückgeworfen. So betraten wir zum ersten Mal die Stadt Petra.«

Petra Die von Lichtern erhellte Felsenstadt Petra wirkt bei Nacht wie der Schauplatz eines heidnischen Rituals.

Schatzhaus des Pharaos Nachdem man die Felsschlucht Siq durchquert hat, eröffnet sich überraschend der Blick auf das sogenannte Schatzhaus des Pharaos. Die dunkle und kurvenreiche Schlucht mit 100 Meter hohen Wänden erstreckt sich über eine Länge von etwa einem Kilometer. Sein plötzliches Erscheinen verstärkt noch den Eindruck, den das Schatzhaus des Pharaos mit seinen Arkaden und Säulen hinterlässt. Die Urne, die das Schatzhaus krönt, weist Einschusslöcher auf. Sie stammen von Beduinen, die sich sicher waren, dass sie kurz vor einem Goldfund standen: Sie dachten, es müsse lediglich das Gefäß aufgebrochen werden, und schon würde sich der Schatz vor ihnen ausbreiten.

DIE CHINESISCHE MAUER

DIE CHINESISCHE MAUER ist eines der ältesten Baudenkmäler der Menschheit, die ersten Mauerabschnitte stammen aus dem 3. bis 4. Jahrhundert v. Chr. Bekannt wurde dieses grandiose Bauwerk erst in der zweiten Hälfte des 20. Jahrhunderts, als Mao die Restaurierung anordnete. Im allgemeinen Bewusstsein der Chinesen steht die Mauer jedoch in erster Linie für Schmerzen und Schweiß, unerträgliche Arbeitsbedingungen und den Tod von Millionen von Menschen – und nicht etwa für nationale Größe und die Macht der chinesischen Zivilisation. Lange Zeit glaubte man, dass die Mauer im wahrsten Sinne des Wortes auf menschlichen Knochen errichtet worden sei, dass Skelette in die Ziegel eingemauert und gemahlene Knochen dem Mörtel beigemengt worden seien. Allerdings hat die moderne Forschung diese Annahmen nicht bestätigt.

Auf etwa 5000 Kilometern Länge erstreckt sich das Bauwerk mit einer Höhe von 6,6 Metern (einzelne Abschnitte sind bis zu 10 Meter hoch) und einer Breite von 6,5 Metern im unteren und 5,5 Metern im oberen Bereich. In der Nähe der wichtigsten Gebirgsübergänge gibt es Festungen.

Eine interessante Tatsache

Das riesige Bauwerk schlängelt sich sogar in ebener Landschaft auf höchst eigentümliche Weise. Dies wird auf den Volksglauben zurückgeführt, dass ein krummer und kurvenreicher Weg eine todsichere Methode sei, die bösen Geister zu verwirren. Aus diesem Grund wird in China generell auch der Bau von geraden Straßen, Brücken und sogar Dachflächen vermieden.

Aus dem Reisejournal

»Unsere Dreharbeiten begannen im entlegenen Dorf Huanghuacheng, wo ein Teil der Chinesischen Mauer in einem künstlichen See versunken ist. Wir betrachteten die Panoramabilder und erkannten, welch ein Wunder vor uns lag: Die Mauer erstreckte sich von Horizont zu Horizont, stieg dabei mal hinab in die Bergspalten, mal hinauf in die Gebirgskämme und verschwand dazwischen im Wasser. Die Suche nach den besten Perspektiven führte uns an zwei sagenhafte Orte: Jinshanling und Gubeikou. Die Schönheit Jinshanlings beruht vor allem auf den einzigartigen Bergreliefs – ein Paradies für Fotografen. Schaut man sich Postkartenmotive der Chinesischen Mauer an, sind diese höchstwahrscheinlich in Jinshanling entstanden.

Als wir nach Gubeikou gelangten und den Teil der Chinesischen Mauer sahen, der seit seiner Fertigstellung nicht mehr restauriert worden ist, erschien es uns, als hätten wir einen Ort gefunden, an dem die Zeit anders fließt. Wir sahen einen, zwei, drei Türme … irgendwann wären wir am liebsten immer weiter gegangen, ohne jemals anzuhalten.«

Chinesische Mauer Entlang der gesamten Mauer wurden Kasematten, Wachtürme und Signaltürme errichtet.

Chinesische Mauer Beim Bau der Mauer gab es vieles zu beachten. So musste jeder der Turmwächter in Sichtweite der zwei benachbarten Wächter sein. Die Kommunikation zwischen ihnen erfolgte durch Rauch oder Trommelschläge und nachts mithilfe von Feuer. Die Breite der Mauer wurde so kalkuliert, dass fünf Infanteriesoldaten frei nebeneinander marschieren oder fünf Kavalleristen in einer Reihe reiten konnten. Über die Gesamtlänge des Bauwerks herrscht Uneinigkeit: Die einen schätzen die Länge der Mauer auf unter 4000 Kilometer, andere sagen, sie sei über 5000 Kilometer lang.

METROPOLE IM GRÜNEN: HONGKONG

HONGKONG (Xianggang) hat den Geist Englands und das Wesen Chinas. Bis 1997 unterstand die Metropole der Königin von Großbritannien und war britische Kolonie. Aber alles hat ein Ende – und so begannen die chinesische und die englische Regierung zu Beginn der 1980er-Jahre über die Zukunft von Hongkong zu verhandeln. Am 19. Dezember 1984 unterzeichneten beide Staaten eine gemeinsame Erklärung: Mit diesem Dokument wurde die Rückgabe von Hongkong an China ab dem 1. Juli 1997 beschlossen, und Hongkong wurde der Status einer Sonderverwaltungszone innerhalb der Volksrepublik China zugesagt, was eine bedingte Souveränität gegenüber Kontinentalchina bedeutete. Mit Ausnahme von Verteidigungs- und Außenpolitik, für die China verantwortlich ist, soll Hongkong bis 2047 in allen Bereichen, wie innere Politik, Wirtschaft und Kultur, autonom bleiben.

Eine interessante Tatsache

Alle Gebäude in Hongkong werden nach dem Feng-Shui-Prinzip errichtet. So sind viele Häuserfassaden verspiegelt, um böse Geister abzuwehren, und die Gebäudeecken sind entweder abgeschrägt oder abgerundet: Dies ist zum einen ein Symbol der Freundschaft, und zum anderen soll es vor negativen Einflüssen schützen.

Das öffentliche Verkehrsnetz in Honkong ist sehr gut ausgebaut, sodass sich fast keine Staus bilden. Noch immer fahren schmale Doppeldecker-Straßenbahnen aus den 1950er-Jahren durch die Metropole. Es gibt Fußgängerbrücken, Rolltreppen unter freiem Himmel und ganze Treppensysteme. Besonders viele Stufen führen auf der Insel Lantau bis auf den Berggipfel hinauf, auf dem eine 34 Meter hohe Buddha-Statue thront – bis zum Jahr 2000 war sie die größte bronzene Buddha-Statue der Welt.

Aus dem Reisejournal

»Auf unserer Reise von Bali nach Moskau haben wir zufällig in Hongkong haltgemacht, um dort zu übernachten. Nach einem nächtlichen Spaziergang durch die schöne Stadt nahmen wir ein Taxi zum Hotel. Als wir ausstiegen, dachten wir noch, dass es doch schön wäre, wenn wir hier noch eine Woche bleiben könnten. Es heißt, Hongkong sei ein Ort, an dem Träume wahr würden. Das Taxi fuhr weg – mit einem unserer Rucksäcke mit persönlichen Dokumenten auf dem Rücksitz. Der Freitag ging zur Neige, unser Flug war für Samstag geplant, und die Botschaft öffnete am Montag. Bis uns neue Dokumente geschickt werden konnten, hatten wir eine ganze Woche Zeit – und an dem Tag, als am Himmel besonders schöne Wolken zu sehen waren, nahmen wir unseren kleinen Hubschrauber, flogen über die Stadt und nahmen diese Bilder auf.«

Hongkong Die Wolkenkratzer Hongkongs recken sich gen Himmel – mittlerweile dürfen keine Häuser mehr gebaut werden, die weniger als 30 Stockwerke haben.

Hongkong Drei Viertel der Stadt Hongkong sind mit Wald bedeckt, dennoch gibt es hier mehr moderne Wolkenkratzer als in New York (nachfolgende Doppelseite).

DENKMAL DER LIEBE: TAJ MAHAL

DAS TAJ MAHAL ist ein Symbol ewiger Liebe: Ein trauernder Großmogul ließ dieses Mausoleum zum Gedenken an seine Frau erbauen, die bei der Geburt ihres Kindes verstarb. 20 000 Arbeiter errichteten in mehr als 20 Jahren dieses Monument. An dem Bau waren auch ausländische Architekten beteiligt – ein Venezianer und ein Franzose. Gemeinsam setzten sie das 74 Meter hohe Bauwerk mit fünf Kuppeln auf eine Plattform mit einem Minarett in jeder Ecke.

Die Wände sind aus poliertem, halbtransparentem Marmor, der extra für den Bau aus 300 Kilometern Entfernung an diese Stätte transportiert wurde. Bei Tageslicht erscheint der Marmor weiß, in der Morgenröte rosa, und im Mondlicht glänzt er silbern. In die Wände des Taj Mahal sind zahlreiche Halbedelsteine eingelassen, wie Türkis, Achat, Malachit und Karneol, die aus vielen Ländern der Welt herangeschafft wurden.

Eine interessante Tatsache

Beim Bau des Taj Mahal wurden anstatt eines Bambusgerüsts Ziegelstützen verwendet, die rings um das Monument aufgestellt wurden. Dies erleichterte die Arbeit ungemein, die Demontage dieser Stützen hätte jedoch eigentlich Jahre gedauert. Eine Legende besagt allerdings, dass Shah Jahan den Bauern gestattete, die Ziegel für ihre eigenen Bedürfnisse zu nutzen – und so verschwand die massive Hilfskonstruktion in kürzester Zeit.

Aus dem Reisejournal

»Die Regeln für Foto- und Videoaufnahmen im Taj Mahal sind äußerst streng. Nach einigen Monaten intensiver Kommunikation und mithilfe der Indischen Botschaft in Moskau haben wir schließlich die Erlaubnis erhalten. Vor Ort in Agra stellte sich jedoch heraus, dass hier weder Moskau noch Delhi das Sagen hatten, und so wurden die Aufnahmen doch verboten.

Uns blieben nur noch drei Tage. Trotz des Verbots beschlossen wir, an der Flussseite hinter dem Zaun der Anlage in die Luft zu steigen. Dabei stellten wir uns jedoch schon darauf ein, die nächste Zeit im örtlichen Gefängnis zu verbringen. Wir schafften es gerade einmal, einige Panoramen abzulichten, als schon das mit Maschinengewehren bewaffnete Wachpersonal eintraf. Auf dem Weg zur Polizei kam jedoch ein Anruf aus der Botschaft: Man hatte sich endlich mit den lokalen Behörden geeinigt!

Letztendlich nahmen wir das Taj Mahal – eines der neuen sieben Weltwunder – an zwei Morgen und einem Abend mithilfe unseres kleinen Hubschraubers auf. Bei keinem anderen Ziel unserer bisherigen Reisen haben wir so einen Aufwand betrieben. Weltweit erstmalig erstellte unser Team eine virtuelle Tour um das Taj Mahal aus der Luft. Nun kann die ganze Schönheit dieses architektonischen Monuments aus der Vogelperspektive bewundert werden.«

Taj Mahal Das Gelände rund um das Taj Mahal ist eine Schutzzone, in der Autos nicht zugelassen sind, um den Marmor zu schonen.

Taj Mahal In der Morgenröte erscheint der Marmor des Taj Mahal rosa, bei Mondlicht silbern – im hellen Licht des Tages erkennt man jedoch sein sanftes Weiß (nachfolgende Doppelseite).

86 ASIEN

DER IMPOSANTE MOUNT EVEREST

DER MOUNT EVEREST (tibetisch Qomolangma) ist mit 8848 Metern der höchste Berg der Erde. Er befindet sich im Himalaya, an der chinesisch-nepalesischen Grenze. Die Temperaturen sinken hier auf -60 Grad Celsius, und die Windgeschwindigkeit erreicht 55 Stundenkilometer. Die Höhe des Berges wurde erstmals von britischen Vermessern im Jahre 1852 verzeichnet, und 1865 taufte ihn die Royal Geographical Society auf den Namen Everest – zu Ehren von George Everest, dem ehemaligen Leiter der Survey of India, des Amts für Geodäsie und Kartografie von Britisch-Indien.

Eine interessante Tatsache

Bevor der Mount Everest seinen heutigen Namen erhielt, wurde er auf den Landkarten der westlichen Landvermesser mit »Peak XV« bezeichnet. In der Autonomen Region Tibet wird der höchste Berg der Erde Qomolangma – »Mutter der Götter« – genannt. Auch die Nepalesen haben eine Meinung zum Mount Everest. Die Bewohner dieses bergigen Landes nennen ihn von alters her Sagarmatha – »Kopf des Himmels«.

Jeder Bergsteiger träumt davon, diesen Berg zu erobern. Der Neuseeländer Edmund Hillary war der Erste, dem es gelang. Im Jahr 1953 bestieg er den Berg in Begleitung des Sherpas Tenzing Norgay und blieb 15 Minuten lang dort oben. Für die Besteigung des Mount Everest ist eine unglaubliche physische Fitness erforderlich. Der Aufstieg dauert rund zwei Monate – so kann der Körper sich akklimatisieren. Auf dem Gipfel angekommen sind die Bergsteiger um 10 bis 15 Kilogramm leichter.

Aus dem Reisejournal

»Die erste Begegnung mit dem Piloten, ein paar Fragen zur Technik – und schon ging es los zum Mount Everest! Um des Kabinengewicht zu verringern, wurde vor dem Abflug »unnötige« Ausrüstung ausgepackt. Die Mechaniker waren dabei besonders übereifrig und ließen nur eine einzige Sauerstoffflasche im Hubschrauber – die für den Piloten. Schon während wir über den Gebirgspass flogen, machte sich der Sauerstoffmangel bemerkbar. Wir brauchten all unsere Konzentration, unseren Willen und unsere Kraft für die Justierung der Aufnahmeeinstellungen in geringer Luftdichte. Die Sonne blendete, und die Tasten der Kamera und die Menüpunkte auf dem Bildschirm verschwammen vor den Augen – die ersten Anzeichen der Höhenkrankheit machten sich bemerkbar. Doch der Berg ließ uns dennoch an sich herankommen, und was noch wichtiger war: Er ließ uns auch wieder los! Wir schafften es, die Arbeit zu beenden und zurückzukehren, als die Wolken sich über den Gipfeln auch schon wieder verdichteten, was das Fliegen unmöglich machte.«

Mount Everest Der majestätische Gipfel des Mount Everest, wie ihn nur wenige zu Gesicht bekommen: Die anderen Achttausender verbergen ihn vor neugierigen Blicken.

Tal des Schweigens Südwestlich des Gipfels vom Mount Everest liegt dieses unzugängliche Tal. Da es von hohen Bergen umschlossen ist, ist es dort oft windstill – daher der Name Tal des Schweigens (nachfolgende Doppelseite).

LAND DER PAGODEN: MYANMAR

BAGAN ODER PAGAN war die Hauptstadt des gleichnamigen Königreichs, das sich auf dem Territorium des heutigen Myanmar befand. Berühmt ist Bagan wegen seiner Tausenden von historischen Sakralbauten, die bis in die heutige Zeit erhalten geblieben sind. Das Königreich Bagan wurde im 9. Jahrhundert von Übersiedlern aus Tibet gegründet. Sie bekannten sich zum Buddhismus, und ihr Anführer beschloss, die Hauptstadt des Reiches in das größte religiöse und kulturelle Zentrum zu verwandeln. Drei Jahrhunderte lang errichteten tibetische Architekten, Mönche aus Sri Lanka und lokale Handwerker unzählige Pagoden, Stupas, Tempel, Klöster und Statuen. Die meisten dieser Bauten bestehen aus rotem Ziegel und weißem Stein – und die bedeutendsten wurden mit Blattgold verziert.

Eine interessante Tatsache

Vor dem Erdbeben im Jahr 1975 gab es etwa 5000 Pagoden in Bagan. Das Beben zerstörte jedoch die meisten Heiligtümer – nur 2217 haben bis heute überlebt. Um weitere Zerstörungen zu verhindern, darf man sich im 67 Quadratkilometer großen Stadtbereich lediglich zu Fuß oder per Pferdekutsche fortbewegen.

Nach der Eroberung Bagans durch die Mongolen waren die Wohnhäuser und wirtschaftlichen Gebäude vollständig zerstört, dafür blieb ein großer Teil der Kultstätten erhalten. Überall in Bagan ragen die spitzen Dächer der Pagoden und Klöster in den Himmel. Im Innern vieler Tempel sind Spuren historischer Fresken mit religiösen Motiven erhalten geblieben, und mancherorts sind auch einzigartige, noch immer unbeschädigte hölzerne Statuen zu finden. Der Legende nach befinden sich in Bagan sogar die Zähne Buddhas.

Aus dem Reisejournal

»Hier hoben wir im Korb eines Heißluftballons ab: Unter unseren Füßen erkannten wir Palmen, kleine Stupas und auch Tempel. Langsam ging die Sonne auf, und hinter uns formierten sich die restlichen Heißluftballons. Pilot Yen lenkte unser ›Luftschiff‹ in geringer Höhe direkt auf den Sulamani-Tempel zu. Es war wirklich beängstigend, als es plötzlich schien, als würden wir direkt gegen die Wand unterhalb der Turmspitze fliegen, und der Pilot erst 50 Meter vorher den Heißluftballon nach oben lenkte, um den Tempel unter sich zu lassen. Es wurde Zeit, die Aufnahmen zu starten!

Alle im Korb verfolgten gespannt, wie zwei Russen auf seltsame Weise mit ihrer Ausrüstung hantierten. Pilot Yen blieb ganz ruhig und gab von Zeit zu Zeit lediglich etwas mehr Feuer, um weiter hinaufzusteigen. Eine halbe Stunde lang schaukelte der Heißluftballon, dann beruhigte er sich endlich, und wir schafften es, uns umzusehen – soweit das Auge reichte, erstreckten sich die endlosen Reihen der Pagoden Bagans in alle Richtungen.«

Shwedagon-Pagode Die Shwedagon-Pagode, einer der berühmtesten Stupas der Welt, befindet sich nicht in Bagan, sondern in Yangon, dem religiösen Zentrum Myanmars. Sie ist ein absoluter Höhepunkt dieser besonderen Form sakraler Architektur. Stupas sind buddhistische Bauwerke, die symbolisch für den Dharma stehen. Im Buddhismus ist es üblich, sie rituell im Uhrzeigersinn zu umrunden.

Shwesandaw-Pagode Zahlreiche Touristen besichtigen die Shwesandaw-Pagode, und im Hintergrund sind weitere Pagoden zu sehen. Auf dem Gebiet der historischen Stadt befinden sich heute einige verstreut liegende Dörfer, der Rest des Geländes ist eine archäologische Stätte. Die Behörden bemühen sich nicht nur darum, die Reliquien vor den Einflüssen der Zeit und des Klimas zu schützen, sondern auch vor den großen Touristenströmen. Um auch die Dächer der letzten Pagoden sehen zu können, wurden Aussichtsplattformen errichtet.

Sulamani-Tempel Vom Ballon aus eröffnet sich ein Blick auf die weitläufige Stätte. Im Vordergrund ist der Sulamani-Tempel zu sehen, den König Narapatisithu um 1183 erbauen ließ.

SWAMINARAYAN AKSHARDHAM

DER GRÖSSTE HINDU-TEMPEL DER WELT wurde in nur fünf Jahren erbaut und am 6. November 2005 in der indischen Hauptstadt Neu-Delhi feierlich eröffnet. Bei der Errichtung dieses großartigen Bauwerks waren 11 000 Handwerker und freiwillige Helfer beteiligt. Der Tempel ist nicht nur ohne einen einzigen Nagel gebaut worden – es wurde sogar überhaupt kein Metall verwendet. Zement wurde ebenfalls nicht genutzt, lediglich das Fundament wurde aus Beton gegossen. Alle anderen Elemente sind aus Stein. Aus der ganzen Welt wurden Marmor und Granit herangeschafft, und durch eine spezielle Bearbeitungsmethode wurden die einzelnen Steine miteinander verbunden. Alle Säulen des Tempels sind geschichtet. Dabei wurden die einzelnen Bestandteile zunächst verbunden und dann um 90 Grad gedreht, um die Stabilität zu erhöhen und den Bau so besonders erdbebensicher zu machen. Kaum vorstellbar, wie präzise die Arbeiten aufeinander abgestimmt gewesen sein mussten, um dieses Puzzle vollständig zusammenzusetzen!

Eine interessante Tatsache

Der Tempel wurde ausschließlich durch Spenden finanziert. Viele Menschen in Indien sind zwar sehr arm, aber durch seine hohe Bevölkerungszahl gelang es dem Land dennoch, die erforderlichen 500 Millionen US-Dollar aufzubringen. Aus allen Teilen des Landes wurde zudem Wasser zum Tempel transportiert, um die künstlichen Seen und Kanäle zu füllen – und das, obwohl sauberes Wasser in Indien ein rares Gut ist.

Aus dem Reisejournal

»Um ehrlich zu sein, war Akshardham für uns zunächst nur ein weiterer Tempel in Indien. Wir hatten zuvor nichts von ihm gehört – doch dann kamen wir an diesen Ort.

Neben der Architektur des Tempels beeindruckte uns vor allem die Gestaltung der Wände mit den vielen aus Stein gemeißelten Figuren – einige sind menschengroß, andere nicht größer als eine Handfläche. Selbst auf den kleinsten Statuen finden sich noch außerordentlich filigrane, detaillierte und kunstvolle Schnitzereien.

Die Aufnahmen am Akshardham waren die erfreulichsten in ganz Indien – sowohl, was die besondere Atmosphäre anbelangt, als auch in Bezug auf die ganze Organisation. Beispielsweise wurde speziell für die Durchführung der Dreharbeiten die Beleuchtung des Tempels 15 Minuten früher eingeschaltet – unter diesen Umständen waren wir natürlich verpflichtet, hervorragende Arbeit zu leisten!«

Swaminarayan Akshardham   Die mehr als 200 Säulen sind mit handgefertigten Schnitzereien bedeckt, auch die Wände werden von Tierschnitzereien und abstrakten Ornamenten geschmückt.

Swaminarayan Akshardham   Das Ausmaß des Swaminarayan-Akshardham-Komplexes erinnert an die herrschaftlichen Gebäude aus längst vergangenen Zeiten (nachfolgende Doppelseite).

KUALA LUMPURS PETRONAS TOWERS

MIT EINER HÖHE VON 452 METERN erheben sich die Petronas Towers über die Hauptstadt Malaysias. Sie ähneln einander wie ein Wassertropfen dem anderen und gelten mit ihren 88 Stockwerken als höchste Zwillingstürme der Welt. In diesem prächtigen Bau kommt auch die muslimische Kultur zum Ausdruck: Der Grundriss beider Wolkenkratzer entspricht der Form eines achtzackigen Sterns.

Aus patriotischen Gründen wurden die Materialien zur Errichtung des Wolkenkratzer-Duos ausschließlich in Malaysia produziert. Deshalb wurde nicht Stahl, den man hätte importieren müssen, zur wichtigsten Bausubstanz, sondern eine besonders elastische Betonart, die von lokalen Ingenieuren entwickelt wurde und das Bauwerk zu einem der schwersten der Welt macht.

Eine interessante Tatsache

Die Petronas Towers in Kuala Lumpur gelten als höher als der bekannte Willis Tower in Chicago, obwohl der höchste Punkt der Petronas Towers bei 452 Metern liegt und der des Willis Tower bei 527 Metern. Dies erklärt sich dadurch, dass die 85 Meter hohe Antenne auf dem Dach des amerikanischen Wolkenkratzers nicht zum konstruktiven Teil des Gebäudes gehört, während die Turmspitzen der malaysischen Riesen ein festes Bauelement sind.

Highlight des Petronas-Komplexes ist der malerische Brückenübergang, der beide Türme auf einer Höhe von 170 Metern miteinander verbindet. Von der dort errichteten Aussichtsplattform bietet sich ein wunderschöner Blick auf Kuala Lumpur. Die Brücke ist nicht fest an das Gebäude angebracht, sondern sitzt auf speziellen Kugellagerhalterungen, damit bei starkem Wind die Konstruktionselemente unabhängig voneinander schwingen können.

Aus dem Reisejournal

»Bei den Aufnahmen der Petronas Towers in Kuala Lumpur ließ sich unser aus Singapur stammender, recht waghalsiger Hubschrauberpilot dazu überreden, so nah an die Türme zu fliegen, dass sie manchmal sogar nicht mehr in das Weitwinkelobjektiv der Kamera passten. Wir waren noch nicht einmal gelandet, als sich der Sicherheitsdienst der Petronas Towers schon heftig bei dem Helikopterunternehmen beschwerte, weshalb unser Pilot kein zweites Mal mit uns fliegen wollte. Stattdessen flog uns eine junge Pilotin. Es entstand beinahe der Eindruck, sie sei eine Praktikantin, denn es gelang ihr zunächst nicht, den Hubschrauber zu starten, und dann würgte sie ihn beim Abflug mehrfach ab. Wir sind schon oft geflogen, doch an diesem Tag war uns nicht ganz wohl bei der Sache. Die junge Frau fürchtete sich davor, zu nah an die Türme heranzufliegen, weshalb unser Flug am Stadtrand stattfand. Doch wir hatten Glück im Unglück, denn bei diesem Flug nahmen wir unsere Panoramabilder mit den in der Ferne sichtbaren Petronas Towers auf – und eines dieser Bilder erzielte prompt bei einem internationalen Wettbewerb in der Kategorie ›Architektur‹ den ersten Platz.«

Petronas Towers Die Zwillingstürme der Petronas Towers beherrschen die Skyline von Kuala Lumpur. Auf diesem Foto ist auch der Brückenübergang zu erkennen, der beide Türme verbindet.

Petronas Towers Die Stadtlandschaft Kuala Lumpurs ist eingehüllt von leichtem Nebel. Zusammen mit den Sonnenstrahlen schaffen die Dunstschwaden eine besondere Atmosphäre, in der die malaysische Hauptstadt wirkt wie ein Ort auf einem anderen Planeten. Die beiden Türme der Petronas Towers sind dabei die Krönung einer futuristischen Skyline, die sich inmitten einer tropischen Landschaft aus dem Nebel heraus gen Himmel erhebt.

TRAUMHAFTE MALEDIVEN

DIE REPUBLIK MALEDIVEN besteht aus einer 26 Atolle umfassenden Inselgruppe im indischen Ozean und erreicht eine Fläche von insgesamt 298 Quadratkilometern. Die Inselkette weist mehrere Tausend Korallenriffe auf – selbst die Ureinwohner wissen nicht genau, wie viele Inseln dazugehören, zumal einige davon sehr klein sind. Ganz besonders interessant ist hier die Unterwasserwelt: Fische in allen Formen, Größen und Farben, Wasserschildkröten, Muränen und natürlich Korallen. Die Malediven bestehen zu 97 Prozent aus Wasserflächen. Die Gewässer haben ihre eigenen Berge und Schluchten, Höhlen und Täler, in denen man auf Seesterne und Seeigel treffen kann, auf Tintenfische und Clownfische, Schmetterlingsfische und Papageienfische, die keinerlei Scheu zeigen und die Taucher in einer hellen Schar umgeben. Doch bei einigen Bewohnern des Riffs sollte man lieber vorsichtig sein: Die giftigen Stacheln des Rochens, die scharfen Zähne des Barrakudas oder das räuberische »Lächeln« der Muräne wirken nicht besonders einladend – wohingegen der Walhai, der eine Länge von über 10 Metern erreicht, völlig harmlos ist.

Eine interessante Tatsache

Immer mehr der Korallenriffe der Malediven sterben, und die Inseln versinken langsam im Wasser. Prognosen besagen, dass die Orte, auf denen sich die Menschen vor rund 2000 Jahren angesiedelt haben, schon in 100 bis 200 Jahren verschwunden sein werden.

Aus dem Reisejournal

»Von den Langstreckenflügen abgesehen, werden auf den Malediven hauptsächlich Wasserflugzeuge im Luftverkehr eingesetzt. Deshalb mussten auch wir ein solches Wasserflugzeug für unsere Aufnahmen mieten. Es stellte sich heraus, dass der einzige Ort, von dem aus wir hätten fotografieren können, die Kabine des Piloten war, denn nur dort ließen sich die seitlichen Lüftungsklappen öffnen. Der Copilot wollte widersprechen, doch nachdem er einen Blick auf unsere zwei Rucksäcke mit den Kameras und der anderen Fotoausrüstung geworfen hatte, gab er schließlich nach und verließ seinen Platz hinter dem Steuerknüppel und das Cockpit. So flogen wir in einer nahezu leeren Maschine, die eigentlich für zwei Dutzend Passagiere ausgelegt war, innerhalb von zwei Stunden mehrere hundert Inseln mit türkisfarbenen Lagunen und Häusern direkt auf dem Wasser ab.«

Malediven Das satte Blau des Meeres und die idyllische kleine Insel sprechen für sich – nicht umsonst gelten die Malediven vielen als der Inbegriff eines tropischen Paradieses.

Malediven An einem einsamen Sandstrand unter Palmen machen Kerzen die romantische Abendstimmung perfekt. Ein Bild, von dem Menschen in Europa träumen, wenn sie dem regnerischen Grau der Heimat und dem Stress ihres Alltags entfliehen möchten. Da überrascht es nicht, dass der Tourismus einer der wichtigsten Wirtschaftszweige auf den Malediven ist.

Malediven Es sind nicht allein die idyllischen Ansichten von Palmen und weißen Stränden, die Touristen auf die Malediven locken. Die artenreiche Unterwasserwelt der Atolle verspricht vielmehr jedem aufregende Begegnungen, der sich mit Schnorchel oder Taucherausrüstung auf Entdeckungsreise begibt. Diesen Rochen sollte man dabei jedoch mit Vorsicht begegnen.

Malediven Wer in einem solchen Bungalow übernachtet, kann am Morgen direkt nach dem Aufstehen ins verführerische Blau des seichten Wassers eintauchen, das mit einer nahezu konstanten Temperatur von etwa 27 bis 29 Grad Celsius zwar keine echte Abkühlung verschafft, aber dafür den tropischen Badespaß schlechthin verspricht. Das Land weiß um den Wert dieser günstigen Bedingungen, die Erholungssuchende aus aller Welt anziehen. Ein Teil der Inseln wird nur für touristische Zwecke genutzt, Einheimische sind dort nur als Personal zugelassen. Umgekehrt dürfen Touristen die Inseln, auf denen die Einheimischen leben, in der Regel nur im Rahmen geführter Touren betreten.

SYDNEY, METROPOLE MIT MEERBLICK

SYDNEY wurde im 17. Jahrhundert von den Briten gegründet: Dutzende Schiffe mit Hunderten Gefangenen an Bord nahmen Kurs auf die australische Küste. Doch hier gab es keinen Platz zum Leben – weder für die Strafgefangenen noch für die Aufseher. Die Stadt musste erst noch errichtet werden. Im Jahr 1820 waren 40 Prozent der Einwohner Sydneys Sträflinge. Doch die Situation änderte sich grundlegend in den 50er-Jahren des 19. Jahrhunderts: Gold wurde gefunden, und so pilgerten die Goldgräber nach Australien. Heute ist Sydney eine der multikulturellsten Städte der Welt.

Die Wahrzeichen der Stadt sind das Sydney Opera House und die Sydney Harbour Bridge. Das Opernhaus wurde von dem dänischen Architekten Jørn Utzon entworfen, der mit seinem Vorschlag den Wettbewerb gewann. Trotz des innovativen Designs und der Verwendung modernster Baumaterialien wurde das Dach des Opernhauses mit Tausenden Azulejos bedeckt – traditionellen portugiesischen Keramikkacheln. Die Brücke über den Hafen von Sydney (Port-Jackson) ist für die Einheimischen ein wesentlicher Bestandteil der Silvesterfeierlichkeiten. Seit 1996 finden hier die schönsten Feuerwerke statt, zu denen sich jedes Jahr ein Millionenpublikum versammelt – Fernseh- und Internetzuschauer nicht mitgerechnet.

Eine interessante Tatsache

Den Wettbewerb für das beste Opernhaus-Projekt in Sydney gewann der wenig bekannte Däne Jørn Utzon. Diesen Sieg verdankte er dem Drängen und der Unterstützung des großen Architekten Eero Saarinen. Der Bau begann erst in den 1960er-Jahren und stellte sich als eine längere Angelegenheit heraus. Die Eröffnung fand erst am 20. Oktober 1973 statt.

Aus dem Reisejournal

»An einem trüben Abend flogen wir mit dem Hubschrauber über die Stadt, um einen Punkt mit besonders schöner Aussicht auf den Hafen zu finden. Im Morgengrauen waren wir mit demselben Piloten wieder in der Luft, doch dieses Mal sagte er, dass wir nicht zum ausgewählten Ort fliegen dürften. ›Wieso nicht?‹, fragten wir. ›Gestern konnten wir doch auch dorthin fliegen.‹ – ›Am Morgen hat sich der Wind gedreht und jetzt landen die Flugzeuge von der anderen Seite aus – sie fliegen genau dort, wo ihr aufnehmen wollt‹, erklärte der Pilot und fügte hinzu: ›Was wollen wir tun? Fliegen wir zurück?‹ Doch dafür waren uns die für den Flug nach Sydney investierten 24 Stunden zu schade, und so warteten wir ab, ob sich der Flugdienstberater etwas einfallen lassen würde.

Etwa eine halbe Stunde lang hingen wir in der Luft, bis der Pilot schließlich einen Funkspruch erhielt: ›Ihr habt ein Zeitfenster von drei Minuten für die Aufnahmen.‹ Und nach ein paar Sekunden hörten wir noch: ›Schickt uns ein Foto, Jungs!‹ Wir eilten los. Gerade in diesem Moment verließ ein Schiff den Hafen und die Sonne erhellte die Wolken – klick – und fertig.«

Sydney Die einst als Sträflingskolonie gegründete Stadt hat sich mittlerweile zu einer äußerst einladenden Metropole entwickelt, der man gerne einen Besuch abstattet.

Great Barrier Reef Das Great Barrier Reef vor der Nordostküste Australiens ist das größte Korallenriff der Erde (nachfolgende Doppelseite).

112 OZEANIEN

DIE PYRAMIDEN VON GIZEH

EINES DER SIEBEN WELTWUNDER der Antike sind die Pyramiden von Gizeh – sie sind das einzige Weltwunder, das bis in unsere Tage erhalten geblieben ist. Dieser grandiose Komplex aus Grabanlagen besteht aus drei großen Pyramiden: der Cheops-Pyramide, der Chephren-Pyramide und der Mykerinos-Pyramide. Alle drei Pyramiden befinden sich zusammen mit der Sphinx-Statue in der Nähe von Kairo. Der Besuch der Pyramiden ist ein absolutes Muss für alle Besucher Ägyptens. Lokale Reiseleiter erzählen mit Begeisterung von den antiken Bauten und den dazugehörigen Legenden, die oft interessanter sind als die historischen Fakten. Wahrscheinlich gibt es kein anderes Monument der antiken Kultur, das mit so viel Aberglauben belegt ist.

Eine interessante Tatsache

Die Mykerinos-Pyramide befindet sich ziemlich weit von den anderen Pyramiden entfernt und ist fast um die Hälfte kleiner. Wenn man jedoch von dort frontal zur Anlage blickt, entsteht der Eindruck, alle drei Pyramiden seien gleich groß.

Welche Methoden beim Bau der Pyramiden zum Einsatz kamen, wird von den Forschern bis heute kontrovers diskutiert. Eine Theorie besagt, dass unbehandelte Blöcke zunächst in die richtige Höhe gehoben wurden und erst dann ihre Form erhielten. Dazu wurde parallel zur Pyramide ein Sandhügel aufgeschüttet, der zusammen mit der Pyramide wuchs, sodass er sich immer auf einer Ebene mit den Bauarbeiten befand. Über diesen Sandhügel konnten die riesigen Felsen an den richtigen Platz transportiert werden. Nachdem die maximale Höhe erreicht worden war, begann man mit den Abschlussarbeiten, die von oben nach unten durchgeführt wurden.

Aus dem Reisejournal

»Für die Aufnahmen beschlossen wir einen ferngesteuerten Hubschrauber zu nutzen. Dazu sollte man wissen, dass das Tal von Gizeh, wenn die Pyramiden für die Touristen geschlossen sind, einem Militärgelände gleicht. Die Anlage verbirgt sich hinter einem hohen Zaun mit Bewegungssensoren und wird von bewaffnetem Personal mit Hunden bewacht. Wir beschlossen also zu verhandeln. Nach vierstündigen Verhandlungen, die Telefonate mit dem Kulturminister und der Polizei beinhalteten, gelang es uns, alle Formalitäten zu klären. Wir einigten uns auf eine Summe von 800 US-Dollar, die offiziell bezahlt wurde. Danach bekamen wir ›grünes Licht‹. Die Polizei schirmte uns vor aufdringlichen Zuschauern und lokalen Abzockern ab. Zur Sphinx durften wir eine halbe Stunde vor Eröffnung, wofür wir dem Museum sehr dankbar sind. Es ist allerdings schade, dass es uns nicht gelungen ist, unmittelbar vor die Füße der Figur zu gelangen. So mussten wir von der Seite aus drehen, obwohl die Sicht von dort nicht besonders gut war. Außerdem waren wir ein wenig in Sorge, dass wir die Sphinx mit unserem Hubschrauber berühren könnten, doch zum Glück verlief alles ohne Schwierigkeiten.«

Pyramiden von Gizeh Die Bauzeit der Pyramiden war mit rund 500 Jahren enorm, doch das Ergebnis der Anstrengungen sind einzigartige Monumente, die bis in die Gegenwart überdauert haben.

Pyramiden von Gizeh Die drei großen Pyramiden – die Cheops-Pyramide, die Chephren-Pyramide und die Mykerinos-Pyramide – sind das Wahrzeichen Ägyptens. Dieses Vermächtnis aus längst vergangenen Zeiten beeindruckt bis heute. Die größte unter den Pyramiden, die Cheops-Pyramide, war mit einer Höhe von 147 Metern das höchste Bauwerk der Erde, bis im 19. Jahrhundert der Eiffelturm den Rekord brach. Es bleibt weiterhin ein Rätsel, auf welche Weise solch eine gigantische Pyramide von Menschenhand erbaut werden konnte. Dabei mag der Nil als Transportweg eine wichtige Rolle gespielt haben, der damals noch ganz in der Nähe der Anlage verlief, die sich heute mitten in der Wüste befindet.

URSPRÜNGLICHES KENIA

EINES DER BEVÖLKERUNGSREICHSTEN LÄNDER in Afrika ist Kenia, das nicht nur für seine Leichtathleten, sondern auch für seine Nationalparks bekannt ist, in denen die Natur des Kontinents in seiner ursprünglichen Form erhalten geblieben ist.

Im berühmtesten kenianischen Park, der Masai Mara, stellt der Mensch keine Bedrohung für die Tierwelt dar: Hier ist das Jagen verboten, und es darf kein Lärm gemacht werden. Außerdem ist es nicht gestattet, den einheimischen Bewohnern zu nahe zu kommen und ihren Lebensrhythmus in irgendeiner Weise zu stören. Für die Kenianer ist der Naturschutzpark ein profitables Geschäft. Der Tourismus ist die wichtigste Einnahmequelle und füllt die hiesigen Staatskassen – jährlich kommen Millionen von Menschen aus unterschiedlichen Ländern nach Kenia. In den kenianischen Nationalparks leben wahrlich wilde Tiere, und wer träumt nicht schon seit seiner Kindheit davon, Elefanten, Löwen und Nilpferde in ihrem natürlichen Lebensraum zu sehen?

Eine interessante Tatsache

In Kenia gibt es etwa 60 Naturschutzgebiete und Nationalparks. Sie nehmen fast 10 Prozent der Gesamtfläche des Landes ein, und es finden sich dort rund 400 geschützte Naturlandschaften.

Der Park Masai Mara erstreckt sich über eine Fläche von 1500 Quadratkilometern. Hier leben 80 Säugetierarten und mehr als 450 Vogelarten. Der ganze Stolz des Parks sind die afrikanischen »Big Five«. Damit sind die größten Landsäugetiere des Kontinents gemeint: Löwe, Elefant, Nashorn, Büffel und Leopard. Diese Tiere gibt es in der Masai Mara in vergleichsweise großer Anzahl. Das Territorium des Parks wird außerdem von Tieren wie Gnus, Zebras und Gazellen durchwandert, die auf der Suche nach Wasser und fruchtbaren Weiden zu Millionen große Distanzen überwinden, und die Touristen versammeln sich, um die riesigen Herden den Fluss Mara überqueren zu sehen.

Aus dem Reisejournal

»Jeden Tag saßen wir für 6 bis 8 Stunden auf der Lauer. Wir hatten uns etwa einen halben Kilometer von den ausgewählten Tieren entfernt versteckt und warteten, bis die Antilopen mit ihrem speziellen Ritual, zu dem ein Sprung ins Wasser gehörte, fertig waren. Das Ritual verlief folgendermaßen: Einige Tiere trennten sich von der Herde und kamen zum Wasser. Zunächst beschnupperten sie das Wasser nur, kehrten anschließend zur Herde zurück und gingen erneut zum Wasser – so ging das einige Male, bis eine der Antilopen plötzlich ins Wasser sprang und hinter ihr alle anderen ebenfalls ins Wasser strömten. Manchmal wurden sie dabei von ein oder zwei Antilopen gerufen, die bereits durch den Fluss geschwommen waren und am anderen Ufer warteten. Es sah seltsam aus, fast so, als ob die Tiere miteinander sprechen würden. Die Fremdenführer nannten es ›singen‹ – sobald die Antilopen anfangen zu ›singen‹, folgt bald die schnelle Flussüberquerung.«

Masai Mara Wenn die Herden, die den Park durchwandern, den Fluss Mara überqueren, ist das auch aus der Vogelperspektive betrachtet ein äußerst eindrucksvolles Spektakel.

Bogoriasee Der Bogoriasee befindet sich am östlichen Arm des Ostafrikanischen Grabens. Es handelt sich um ein stark alkalisches Gewässer, das vor allem von heißen Quellen gespeist wird. Der See ist für seine artenreiche Flora und Fauna bekannt, insbesondere für die rosafarbenen Flamingos, die in großen Schwärmen hierherfliegen. Zur Hauptsaison versammeln sich bis zu 1,5 Millionen dieser schönen Vögel auf dem See. Seit 2011 ist dieser zauberhafte Ort zusammen mit dem Nakuru- und dem Elmenteitasee Teil des UNESCO-Weltnaturerbes.

Bogoriasee Flamingos sind auffallend schöne, unverwechselbare Vögel, nicht zuletzt dank ihres charakteristischen rosafarbenen Gefieders. Diese Farbe verdanken sie ihrer karotinhaltigen Ernährung. Am Bogoriasee haben sie die Gelegenheit, sich an Algen und Krebstieren zu laben (nachfolgende Doppelseite).

URSPRÜNGLICHES KENIA

DIE GROSSARTIGEN VICTORIAFÄLLE

LAUT CNN SIND DIE VICTORIAFÄLLE eines der sieben Naturweltwunder. Sie befinden sich am Fluss Sambesi in Afrika, an der Grenze zwischen Sambia und Simbabwe. Der Sambesi stürzt sich aus einer Höhe von 120 Metern in einem mächtigen Strom in die scheinbar bodenlose Schlucht inmitten des endlosen Basalt-Plateaus.

Dieses grandiose Schauspiel fasziniert jeden, der es sieht. Der malerische Anblick eröffnet sich von der bogenförmigen und 250 Meter langen Eisenbahnbrücke, die in 125 Metern Höhe über die Schlucht verläuft. Rund um die Victoriafälle steigen riesige Säulen aus Sprühnebel auf, die man noch aus 50 Kilometer Entfernung erkennen kann. Das donnernde Rauschen des Wasserfalls erfüllt die gesamte Umgebung, und an klaren Nächten kann über der Schlucht ein einzigartiger Mondregenbogen beobachtet werden.

Eine interessante Tatsache

Der in die Schlucht stürzende Wasserstrom ist 1800 Meter breit und über 100 Meter hoch. Damit bilden die Victoriafälle die größte zusammenhängende Wassermasse im freien Fall, obwohl sie weder die breitesten noch die höchsten Wasserfälle der Welt sind.

Nach dem Sturz in die Schlucht verläuft der Sambesi zickzackförmig in einem malerischen Canyon, in dem er sich über 80 Kilometer weit entlangschlängelt. An der obersten Spitze des Wasserfalls liegt der sogenannte »Devil's Pool«, ein natürliches Schwimmbad, in dem Abenteuerlustige gerne ein Bad nehmen. Vom Abgrund trennt die Mutigen dabei lediglich eine kleine Felswand.

Der Name des Wasserfalls stammt von dem berühmten Reisenden David Livingstone, der als erster Europäer im Jahr 1855 auf die Victoriafälle stieß. Offiziell hieß es, dass der Forscher durch die Namensgebung Königin Victoria ein Denkmal setzen wollte, doch am Ende seines Lebens gab er zu, den Name zu Ehren seiner verstorbenen Frau gewählt zu haben. Bei den Ureinwohnern trug der Wasserfall den Namen »Donnernder Rauch«. In jüngster Zeit gab es in Simbabwe seitens der Behörden Bestrebungen, der »Verherrlichung des Kolonialismus« ein Ende zu bereiten und dem Wasserfall seinen ursprünglichen Namen zurückzugeben.

Aus dem Reisejournal

»Bungee-Jumping von der Eisenbahnbrücke der Victoriafälle ist sehr beliebt. Man wird an elastischen Seilen befestigt, und dann fliegt man geradewegs nach unten – und spürt für ein paar Sekunden das Gefühl des freien Falls. Kurz vor dem Wasser fängt das Seil den Springer ab, und nach Dutzenden Auf-und-ab-Bewegungen wird er schließlich wieder hochgezogen. Am sichersten ist es jedoch, den Wasserfall in seiner vollen Pracht aus der Vogelperspektive, wie wir sie hier anbieten, zu genießen.«

Victoriafälle Durch die über die Schlucht verlaufende Eisenbahnbrücke können Menschen den herabstürzenden Wassermassen ganz nah kommen.

Victoriafälle Über eine Breite von 1800 Metern stürzt der Fluss Sambesi in die Tiefe – aus der Luft betrachtet kommen die Ausmaße dieses Naturwunders voll zur Geltung (nachfolgende Doppelseite).

DIE DÜNEN DES SOSSUSVLEI

DIE REISE TIEF IN DIE SANDIGE NAMIB-WÜSTE im Süden Afrikas (Namibia) ist alles andere als ein Spaziergang. Der beschwerliche Weg lohnt sich jedoch für jeden, der mit eigenen Augen das ungewöhnlichste Naturwunder des afrikanischen Kontinents bewundern möchte. Hier befinden sich die höchsten Sanddünen der Welt, die zuweilen bis zu 350 Meter hoch sind. Diese Sandberge sind nicht nur wegen ihrer gewaltigen Größe bemerkenswert, starke Winde aus allen Himmelsrichtungen verleihen den Dünen auch eine eigentümliche Form. Wie ein Künstler erschafft die Natur hier endlose Meisterwerke aus diesem schmiegsamen Material und bringt fantastische Landschaften hervor, die sie sofort wieder zerstört, um neue zu kreieren. Das Spiel von Licht und Schatten färbt die Sandberge in außergewöhnliche Gelb-, Orange-, Rot- und Bordeaux-Töne.

Eine interessante Tatsache

Wenn über der Namib-Wüste die Wolken aufziehen und die einwöchigen sintflutartigen Regenschauer einsetzen, präsentiert sich die Landschaft von einer völlig neuen Seite. Die ausgedörrten Flussbetten füllen sich wieder mit Wasser, und an den Wasserstellen versammeln sich Antilopen, Strauße und andere Vertreter der heimischen Fauna – und in das Flussdelta Tsauchab strömen Tausende Flamingos.

Die kontrastreiche Mischung aus verschiedenfarbigen Dünen und blendend weißen Salzwiesen verleiht dem Ort eine besondere Schönheit.

Die Dünen des Sossusvlei umgeben auch das leblose Deadvlei. Lediglich die versteinerten Baumstämme, deren traurige Silhouetten sich vor dem Hintergrund sandiger Hügel abzeichnen, erinnern daran, dass in dem Tonbecken des ausgetrockneten Sees einst das Leben tobte.

In der Nähe des Sossusvlei liegt der malerische Sesriem-Canyon. Vor Millionen von Jahren schnitten Wind und Wasser eine tiefe Schlucht in das Berggestein. In der Regenzeit bildet sich auf dem Grund des Canyons ein See.

Aus dem Reisejournal

»Diese Bilder wurden rund um das wundervolle Sossusvlei von einer kleinen Cessna aus gemacht. Für die Aufnahmen musste die Tür des Flugzeugs abmontiert und im Sand der Startbahn zurückgelassen werden. Rund fünf Stunden flogen wir über die riesigen roten Sanddünen, und für Panoramabilder mussten wir uns bei einer Geschwindigkeit von 150 Stundenkilometer aus dem Cockpit lehnen. Die Eindrücke waren absolut fantastisch, abgesehen von dem Sonnenbrand auf den Händen, die die Kamera halten mussten.«

Deadvlei Der Schatten eines kargen Baumes fällt auf den leuchtenden Sand und erinnert daran, dass es an diesem unwirtlichen Ort einst Leben gab.

Sossusvlei Die Dünen bieten einen malerischen Anblick, wobei jede Aufnahme einen einmaligen Moment festhält, da die Kräfte der Natur dieser Landschaft immer wieder eine neue Form verleihen (nachfolgende Doppelseite).

TEIL DES BIG APPLE: MANHATTAN

HEUTE IST MANHATTAN das Zentrum New York Citys, kaum zu glauben, kauften doch die Kolonialherren dieses Land den Indianern für nur 24 Dollar ab. Inzwischen besitzen viele Berühmtheiten eine Wohnung in Manhattan, wie zum Beispiel Matt Damon, Diana Ross, Al Pacino, Bill Murray, Madonna, Leonardo DiCaprio oder Lady Gaga. In diesem angesagten Stadtteil lässt man das Auto jedoch lieber stehen – und das nicht einmal wegen des dichten Verkehrs und der hohen Parkplatzpreise, sondern weil es schon keine leichte Aufgabe ist, überhaupt einen freien Parkplatz zu finden. Es heißt, allein die Fahrt über diese kleine Insel kann 40 Minuten dauern, und dann braucht man nochmals dieselbe Zeit für die Suche nach einem freien Parkplatz.

Die Struktur Manhattans unterliegt einer strengen Logik: Von Norden nach Süden erstrecken sich parallel verlaufende »Avenues«, und von Ost nach West teilen dann die »Streets« die Insel in Viertel. Alle Straßen tragen eine Zahl im Namen, wie zum Beispiel die Hauptstraße Fifth Avenue. Auf ihr findet man die wichtigsten Sehenswürdigkeiten der Stadt: das Empire State Building, das Rockefeller Center, ein ganzes Viertel voller Bürogebäude der reichsten Unternehmen der Welt, die New York Public Library und die Museum Mile mit zahlreichen Ausstellungen, beispielsweise im Metropolitan Museum of Art. Ein Teil der Straße ist eine Einkaufmeile, in der weltweit führende Marken präsentiert werden. Auf dem Broadway wiederum befinden sich rund 40 Theater, die allabendlich Bühnenstücke, Shows und Musicals darbieten – ein Paradies für Theaterfreunde.

Eine interessante Tatsache

Das Metropolitan Museum of Art ist eines der größten Museen der Welt. Sein ständiger Sammlungsbestand umfasst 2 Millionen Werke, und das Museum wird jährlich von über 5 Millionen Menschen besucht. Der Informationsschalter des Museums gibt Auskünfte über Führungen in verschiedenen Sprachen, die im Eintrittspreis inbegriffen sind.

Aus dem Reisejournal

»Die Dreharbeiten in Manhattan sind uns ganz besonders im Gedächtnis geblieben, da im Hubschrauber keine Kopfhörer für Passagiere vorhanden waren. So mussten wir von den hinteren Sitzen und bei offener Tür versuchen, die Motorgeräusche zu übertönen, und den Piloten anschreien, um ihm verständlich zu machen, wohin er fliegen soll. Wenn er uns nicht hörte, war es notwendig, ihm auf die Schulter zu tippen und per Handzeichen die gewünschte Richtung anzuzeigen. Seitdem fragen wir jedes Hubschrauberunternehmen, das wir anheuern möchten, ob auch Kopfhörer für Passagiere vorhanden sind. Die Piloten antworten jedes Mal überrascht, dass es selbstverständlich Kopfhörer gäbe, und fragen dann, ob wir denn schon einmal keine gehabt hätten. ›Hatten wir‹, sagen wir dann, ›in New York!‹.«

Manhattan Ein etwas anderer Blick aus dem – oder besser gesagt – in das Fenster eines Wolkenkratzers, umgeben vom Flair dieser pulsierenden Metropole.

Manhattan Die Skyline von Manhattan ist weltberühmt und bietet einen unvergesslichen Anblick, vor allem bei Dunkelheit, wenn die Lichter der Stadt die unzähligen Hochhäuser erleuchten. Das markante Empire State Building kann vermutlich jeder Betrachter sofort erkennen, denn es ist einer der bekanntesten Wolkenkratzer überhaupt und ein Wahrzeichen New Yorks. Es misst bis zur Spitze seiner Antenne rund 443 Meter und war bis zum Jahr 1972 das höchste Gebäude der Welt. An der Fifth Avenue, etwa in der Mitte der Insel Manhattan gelegen, bietet das Empire State Building Besuchern eine Aussichtsplattform, die zu den beliebtesten Sehenswürdigkeiten der Stadt gehört.

Central Park Der Central Park, das beliebteste Erholungsgebiet der Stadtbewohner, erstreckt sich auf einer Länge von über vier Kilometern. Die Fläche dieser Parkanlage mitten in der Stadt ist größer als ganz Monaco (nachfolgende Doppelseite).

DIE GOLDEN GATE BRIDGE

DER PAZIFIK UND DIE BUCHT VON SAN FRANCISCO sind durch die Golden-Gate-Meerenge verbunden. Man geht davon aus, dass dieser doch recht poetisch klingende Name von dem in der US-Armee dienenden Topografen John C. Frémont stammt, der eine Ähnlichkeit zwischen der Meerenge und dem Goldenen Horn von Istanbul bemerkte. Vom Bau einer Brücke über die Meerenge träumte man schon im 19. Jahrhundert, doch erst zu Beginn des 20. Jahrhunderts waren die technischen Möglichkeiten gegeben, um diese Idee umzusetzen. Der Ingenieur Joseph Strauss, der zu jener Zeit schon etwa 400 Brückenkonstruktionen entworfen hatte, schlug vor, eine 2,5 Kilometer lange Hängebrücke mit zwei Pylonen zu errichten. Sein Projekt weckte Interesse, jedoch wurde nicht an die Verwirklichung geglaubt, und der Bau wurde abgesagt.

Eine interessante Tatsache

Ihr kräftiges Orange verdankt die Golden Gate Bridge Irving Morrow, der als erster Architekturberater an diesem Projekt mitgewirkt hatte. Heute wird die Brücke von einer 38 Mann starken Malertruppe betreut, die den Zustand der Acrylbeschichtung im Auge behält und Korrosionsschäden zeitnah behebt.

San Francisco wuchs rasant, und es fuhren immer mehr Autos auf den Straßen. Experten begannen das Für und Wider einer traditionell konstruierten Auto- und Fußgängerbrücke abzuwägen und kamen auf eine noch nie dagewesene Summe von 100 Millionen US-Dollar, die ein solches Projekt kosten würde. Eine so große Summe konnte die Stadt jedoch nicht aufbringen. Da eröffnete Joseph Baermann Strauss, dass er eine Hängebrücke bauen könne, die maximal 27 Millionen Dollar kosten würde. Präsident Franklin Roosevelt lobte diesen mutigen Vorschlag, und die Arbeiten konnten endlich beginnen. Nach mehr als vier Jahren Bauzeit wurde die Golden Gate Bridge schließlich am 27. Mai 1937 um 6 Uhr morgens eröffnet. Die ersten 12 Stunden gehörte die Brücke nur den Fußgängern! Am nächsten Tag dann gab Roosevelt die Brücke auch für die Autofahrer frei. Heute kann man sich das Leben in San Francisco ohne dieses nützliche und prächtige Bauwerk gar nicht mehr vorstellen.

Aus dem Reisejournal

»Während unserer wiederholten Reisen nach San Francisco war die Golden Gate Bridge kein einziges Mal in den berühmten Nebel eingehüllt – was für ein katastrophales Pech! Deshalb setzten wir auch keine großen Hoffnungen in die bis dahin getätigten Aufnahmen. Unser Startpunkt war Oakland – von dort aus war die Brücke nicht zu sehen. In der Dämmerung hoben wir schließlich ab und flogen ins Zentrum von San Francisco, als der Pilot plötzlich das Zauberwort sagte: ›Nebel!‹ Die Brücke lag tatsächlich im Nebel, allerdings nur zur Hälfte – genau das brauchten wir! Kurz vor Sonnenuntergang näherten wir uns der Brücke, die Kamera umkreiste sie, und mit dem letzten Klick des Auslösers umschloss der Nebel den hinteren Pylon. Wir hatten es geschafft.«

San Francisco Die Oakland Bay Bridge verbindet Downtown San Francisco mit Oakland. An der »Sunny Side of the Bay« liegt auch die bekannte Universitätsstadt Berkley.

Golden Gate Bridge An der Golden-Gate-Meerenge, welche die Bucht von San Francisco mit dem Pazifik verbindet, befindet sich die Weltstadt San Francisco, doch zugleich ist dies ein Ort von außerordentlicher natürlicher Schönheit. Auf diesem eindrucksvollen Panoramafoto verdeckt der Nebel große Teile der Stadt und die Hälfte der Brücke, deren leuchtendes Orange einen wundervollen Kontrast zum blauen Wasser der Bucht bildet und dem Weiß der Nebelschwaden. Die Bucht von San Francisco ist bekannt dafür, dass hier immer wieder starker Nebel auftritt – ein absolutes Glück für Fotografen, denen sich so immer wieder neue, einmalige Ansichten der malerischen Brücke bieten.

SCHILLERNDES LAS VEGAS

ZU BEGINN DES 19. JAHRHUNDERTS war dieser Ort noch menschenleer: Las Vegas liegt mitten in der Wüste. Die erste Grundwasserquelle entdeckte ein Mexikaner, der mit seiner Handelskarawane vom Weg abgekommen war. Die neuen Siedlungen, die an diesem Ort entstanden, erfüllten zunächst eine rein pragmatische Funktion: Sie waren Eisenbahnknotenpunkte. Ihr Schicksal änderte sich schlagartig, als im Jahr 1931 im Bundesstaat Nevada das Glücksspiel erlaubt wurde. In dieser Zeit wurde auch mit dem fünfjährigen Bau der Dämme begonnen. Von da an wurde die zukünftige Hauptstadt der Glücksspielwelt mit Strom und Wasser versorgt – und im Herzen der Wüste erblühte ein Paradies.

Eine interessante Tatsache

In den 1950er-Jahren lockte die Stadt Touristen zu einer grausigen Show: Nur 100 Kilometer von der Stadt entfernt wurden Nukleartests durchgeführt, und von den Hotels im Zentrum aus konnte der Atompilz beobachtet werden.

Mithilfe jeder Menge steuerfreiem Geld konnten Luxushotels errichtet, die besten Sterneköche angelockt und Unterhaltungsangebote für jeden Geschmack kreiert werden. Las Vegas entwickelte sich rasant und brach mit vielen amerikanischen Klischees. So wurden hier landesweit zum ersten Mal Menschen mit dunkler Hautfarbe eingestellt und wenig später auch Frauen.

Was die Frauen anbelangt, so startete in Las Vegas weltweit zum ersten Mal eine Show mit barbusigen Damen – doch auch der höchste Glücksspielgewinn in der Menschheitsgeschichte wurde hier an eine Frau ausgeschüttet: Im März 2003 gewann sie im Kasino Excalibur 39,7 Millionen Dollar und trieb damit die Bank in den Ruin.

Aus dem Reisejournal

»Als sich unser Flugzeug dem Flughafen von Las Vegas näherte, flog es oberhalb der Hauptstraße, und in den Sonnenstrahlen schimmerten die Hochhäuser der Kasinos und Hotels in verschiedenen Goldnuancen. Wir hatten zudem das besondere Glück, Las Vegas auch vom Hubschrauber aus beobachten zu können, seine Energie zu spüren und diese auf unsere Bilder zu übertragen. Der schwierigste Teil dabei war, die Zeit für die Aufnahmen mit dem Flugplan des Helikopterunternehmens abzustimmen. Je nachdem, ob man Las Vegas im Licht der Abendsonne betrachtet oder nach Sonnenuntergang, wenn alle Straßen durch künstliches Licht erleuchtet sind, hat man eine völlig andere Stadt vor sich. Besonders eindrucksvoll ist, dass man beim Überflug das Gefühl hat, man sei an völlig verschiedenen Orten gewesen: in Venedig, Paris und New York – man hat die ägyptischen Pyramiden umrundet, einen ›Vulkanausbruch‹ miterlebt und die Springbrunnen des Bellagio bewundert.«

Las Vegas Die bunte und schrille Welt von Las Vegas lädt jeden dazu ein, sich zu amüsieren und das Glück herauszufordern.

Las Vegas Der berühmte Las Vegas Strip entführt einen an weit entfernte Orte – sogar der Eiffelturm fand seinen Weg in diese verrückte Stadt (nachfolgende Doppelseite).

DER GOOSENECKS STATE PARK

EINES DER SCHÖNSTEN NATURDENKMÄLER befindet sich in Utah in den USA. Im Goosenecks State Park hat der San Juan River tiefe Schluchten in die karge und felsige Hochebene geschnitten. Wegen ihrer kuriosen Form werden die Mäander des San Juan River auch »Goosenecks« (Schwanenhälse) genannt. Der gewundene Lauf des Flusses und die Felswände der Schluchten erinnern aber auch an einen Blätterteigkuchen, den man stundenlang betrachten könnte.

Im Umkreis erstreckt sich über mehrere Meilen eine menschenleere Steinwüste. Mancherorts stößt man auf ein Indianerreservat, doch ansonsten ist die Natur in ihrer ursprünglichen Form erhalten geblieben. Hier präsentiert sich der Wilde Westen, wie man ihn aus Büchern und Filmen kennt.

Eine interessante Tatsache

Die maximale Tiefe der Gooseneck-Schluchten beträgt rund 300 Meter. Von der Aussichtsplattform erscheinen diese Canyons bodenlos, allerdings nur für diejenigen, die noch nie zuvor den Grand Canyon besichtigt haben – das beliebteste amerikanische Naturdenkmal ist etwa sechsmal tiefer (1800 Meter).

Nicht allzu weit von den Schluchten entfernt mündet der San Juan River in den Colorado River. An diesem malerischen Ort verschmelzen die sich windenden Mäander der beiden Flüsse wie zwei Schlangenkörper miteinander.

Folgt man dem Colorado River ein Stück flussabwärts, stößt man auf einen Stausee, den Lake Powell. Er entstand im Jahr 1966 nach der Fertigstellung des Glen-Canyon-Damms. Die 178 Meter hohe Bogengewichtsmauer staute den Colorado River, und das Flusswasser überflutete den Glen Canyon. Das Resultat war der zweitgrößte Stausee in den Vereinigten Staaten, der so schön war, dass die Region zum nationalen Erholungsgebiet ernannt wurde.

Aus dem Reisejournal

»Eine halbe Stunde lang flogen wir durch den Regen. Aus praktischen Gründen waren die Seitentüren des Hubschraubers abmontiert, und Regentropfen gerieten ungehindert in den Innenraum. Es war sehr kalt und nass, und wir mussten die eine Kamera unter der Jacke verstecken und die andere mit den Händen schützen – es nützte allerdings nicht viel. Dann hörte der Regen plötzlich auf, und unter uns, in den 300 Meter tiefen Canyons, schlängelte sich der San Juan River. Der Hubschrauber begann über der Schlucht zu kreisen. Nach drei Runden schien plötzlich die Sonne durch die Regenwolken, und ihre Strahlen erleuchteten hier und da den Fluss. Wir fingen an, wie verrückt auf den Auslöser zu drücken, als auch schon eine Minute später die Sonne so plötzlich wieder verschwand, wie sie erschienen war. Doch unsere Aufnahmen hatten wir zu diesem Zeitpunkt schon beendet – den Göttern sei Dank.«

Goosenecks State Park Das außergewöhnliche Landschaftsbild wirkt wie eine Mondlandschaft – unsere Aufnahme verwandelt es in einen Mond.

Goosenecks State Park Schaut man sich die Schluchten aus der Vogelperspektive an, versteht man, warum sie den Namen »Goosenecks« tragen (nachfolgende Doppelseite).

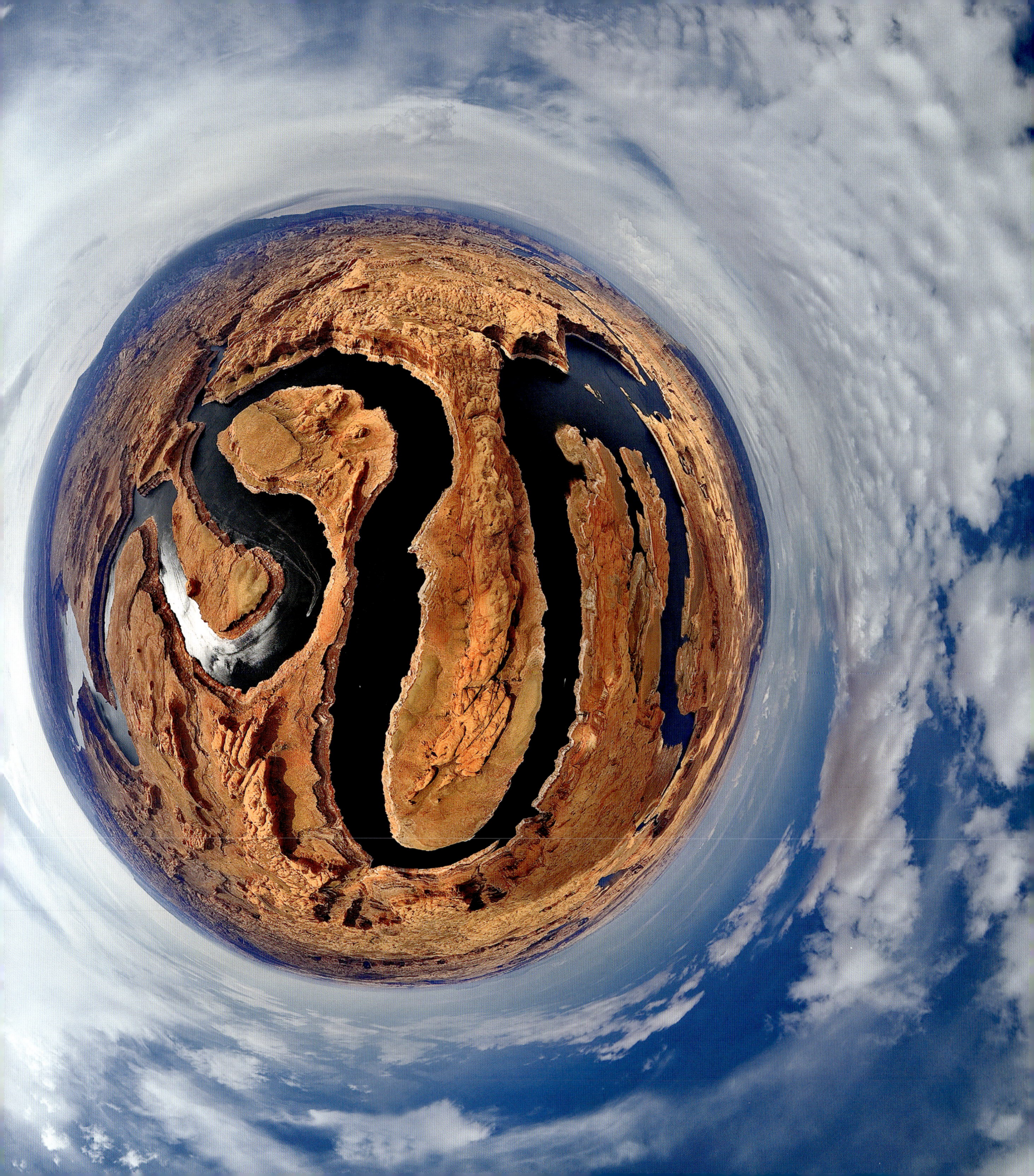

BRYCE-CANYON-NATIONALPARK

DER BRYCE-CANYON-NATIONALPARK liegt im Südwesten Utahs in den USA. Die Fläche des Parks bemisst sich auf 145 Quadratkilometer. Gigantische natürliche Amphitheater befinden sich entlang der östlichen Abbruchkante des Paunsaugunt-Plateaus, die einem klassischen Canyon nicht ähnlich sehen. Der Bryce-Canyon ist voller bemerkenswerter geologischer Strukturen – der sogenannten Hoodoos. Die Grundlage für die Sandsteinsäulen besteht aus Sedimentkalkstein, der durch Ablagerungen aus Flüssen und Seen entsteht und durch Wind, Wasser und Eis erodiert wird. Rot-, orange- und weißfarbige Felsen stellen einen atemberaubenden Anblick dar – besonders bei Sonnenauf- und Sonnenuntergang.

Der Canyon erhielt seinen Namen zu Ehren von Ebenezer Bryce, der sich in der Region um 1875 niederließ. Im Jahre 1928 wurde das Gelände um den Bryce-Canyon zum Nationalpark erklärt. Der Canyon liegt 100 Kilometer von den berühmten Nationalparks Grand Canyon und Zion entfernt und überlässt wegen seiner abgeschiedenen Lage seinen Nachbarn den Vortritt in Bezug auf die Besucheranzahl. Zu Recht zählt der Bryce Canyon jedoch zu den schönsten und beeindruckendsten Canyons auf unserem Planeten.

Der Bryce Canyon befindet sich auf einer Höhe von 2700 Metern, somit liegt er fast 1,5 Kilometer höher als der Grand Canyon. Aus diesem Grund herrscht auf dem Parkterritorium ein einzigartiges Klima, mit ziemlich kalten und schneereichen Wintern.

Eine interessante Tatsache

Die einzige Wohnmöglichkeit im Park bietet das Hotel Bryce Canyon Lodge. Wenn alle Zimmer belegt sind, muss man sich außerhalb des Nationalparks, in 10 km Entfernung von den Amphitheatern, niederlassen.

Aus dem Reisejournal

»Eines Tages bekamen wir von einem Kumpel, der neben uns auf der Aussichtsplattform des ›Upper Inspiration Point‹ im Bryce-Canyon-Park stand, den Spruch zu hören: ›Das Gehirn ist abgestürzt.‹ Dieser Computerslang beschrieb treffend, was gerade in unseren Gehirnen vor sich ging. Denn der Bryce Canyon ist keine einfache Sehenswürdigkeit in den USA; es ist wohl einer der wenigen Plätze unseres Planeten, wo der menschliche Verstand, während er die visuellen Informationen verarbeitet, kaum fähig ist, zu irgendwelchen einigermaßen logischen Deutungen zu kommen. Wer irgendwann einmal zum Bryce Canyon reist, sollte deshalb nicht in Panik geraten, sondern sich klar machen: Er wurde weder auf einen fremden Planeten teleportiert, noch ist er verrückt geworden und halluziniert. Der orange- und rosafarbige gigantische Wald ist real!«

Bryce-Canyon-Nationalpark Im hoch gelegenen Park liegt häufig Schnee, der zusammen mit den farbigen Felsen ein zauberhaftes Landschaftsbild schafft.

Bryce-Canyon-Nationalpark Die außergewöhnlichen, durch die Erosion geformten Sandsteinsäulen des Bryce-Canyon-Parks bilden einen faszinierenden »Wald« aus Gesteinsformationen. Beim Anblick dieses Naturphänomens fühlt man sich in eine andere Welt versetzt – und doch ist es Wirklichkeit, die besonders gut von der Aussichtsplattform des »Upper Inspiration Point« aus bestaunt werden kann.

MITTEN IM URWALD: DER SALTO ÁNGEL

AUS 1000 METERN HÖHE stürzt der Strahl des Salto Ángel, des höchsten freifallenden Wasserfalls der Welt, mit lautem Getöse in die Tiefe. Er befindet sich im venezolanischen Regenwald, am Oberlauf des Río Churún im Hochland von Guyana (Plateau des Auyan-Tepui) in Venezuela.

Eine interessante Tatsache

Bereits im frühen 20. Jahrhundert entdeckte der venezolanische Forscher Ernesto Sánchez la Cruz den Wasserfall, bekannt wurde dieser allerdings erst durch die Wiederentdeckung durch den US-amerikanischen Buschpiloten Jimmie Angel. Ihm zu Ehren erhielt der Wasserfall seinen Namen – ins Deutsche übersetzt bedeutet Ángel »Engel«. Die einheimischen Indianer nennen den Wasserfall »Kerepakupai Merú«.

Die lange Anreise über den Fluss und durch die Luft lohnt sich allemal: Der Salto Ángel ist eine wundervolle Schöpfung der Natur. Es heißt oft, dass er im Vergleich zu den Niagara- oder Victoriafällen keinen allzu großen Eindruck hinterlässt, allerdings würde kaum jemand, der ihn gesehen hat, bestreiten, dass dies einer der schönsten Orte dieser Welt ist.

Der Auyan-Tepui ist der höchste Tepui in Venezuela. Diese Tafelberge mit ihren schroff abfallenden Schluchten und den ungewöhnlichen geologischen Formationen erreichen schwindelerregende Höhen und überragen die umliegende Landschaft. Von ihren vertikalen Klippen stürzen sich viele weitere malerische Wasserfälle hinab, die im Vergleich zum Salto Ángel zwar deutlich kleiner (»nur« 200 bis 300 Meter), jedoch genauso so schön sind. Die berühmtesten unter ihnen sind der Churún-Merú und der Cortina-Wasserfall.

Aus dem Reisejournal

»An unserem zweiten Tag behielten wir erwartungsvoll das Wetter im Auge. Am Nachmittag lichteten sich dann plötzlich die Wolken, und die Sonne erhellte den Gipfel des Wasserfalls – der untere Teil lag jedoch weiterhin im Schatten.

Wir verschwendeten keine Zeit, setzen uns in den Hubschrauber und waren schnell in 1000 Metern Höhe. Anschließend folgten wir dem Wasserstrahl bis nach unten und schossen währenddessen etwa ein Dutzend Panoramabilder. Besonders schwierig war dabei die Arbeit am unteren Teil des Wasserfalls: Der Sprühnebel umhüllte förmlich den Hubschrauber, und das Objektiv musste nach jeder Aufnahme abgewischt werden. Plötzlich erschien eine riesige tiefhängende Wolke und begann den Wasserfall einzuhüllen, sodass wir kaum Zeit hatten, hervorzukommen. Sobald wir uns von der Klippe entfernt hatten, verdeckte die Wolke den Wasserfall schon vollständig, und wir bekamen ihn an diesem Tag nicht mehr zu Gesicht. So hatte uns die Natur in zwei Tagen nur 15 Minuten Aufnahmezeit geschenkt.«

Churún-Merú Der Strahl des Wasserfalls Churún-Merú, der sich in der Nähe des Salto Ángel befindet, stürzt aus schwindelerregender Höhe hinab in die Tiefe.

AMERIKA 157

Salto Ángel Dieses Panoramabild zeigt den Salto Ángel, den weltweit höchsten freifallenden Wasserfall, in seiner malerischen Umgebung. Das Auyan-Tepui ist ein über 2000 Meter hoher Tafelberg, dessen Oberfläche etwa 700 Quadratkilometer umfasst. In dieser Gegend gibt es mehrere Tepuis. Ihre steilen Felswände erheben sich bis zu 1000 Meter über die Regenwälder und schaffen so atemberaubende Naturlandschaften. Durch die isolierte Lage hat sich auf diesen Plateaus eine einzigartige Tier- und Pflanzenwelt entwickelt, die sich stark von der der tiefer liegenden tropischen Regenwälder unterscheidet.

Salto Ángel Touristen werden auf Booten oder mit Flugzeugen zu dieser bedeutenden Sehenswürdigkeit gebracht, da der Salto Ángel sich in einem sehr abgelegenen Gebiet befindet – mitten im unwegsamen Dschungel (nachfolgende Doppelseite).

LEBENSFREUDE PUR: RIO DE JANEIRO

IN DIESER STADT beschwert man sich nicht über das Land – auf die Frage »Wie geht's?« ist hier die gängige Antwort: »Ausgezeichnet!« Trotz des niedrigen Lebensstandards, der Armut und der kriminogenen Situation gelten die Brasilianer als eines der glücklichsten Völker der Welt.

Im historischen Zentrum der Stadt sind noch Bauten aus der portugiesischen Kolonialzeit erhalten geblieben. Der Hafen an der Ozeanküste wurde im 16. Jahrhundert von den portugiesischen Seefahrern gegründet. Der Paço Imperial, die Kathedrale und die zahlreichen Kirchen und Klöster ergeben zusammen mit den modernen Sehenswürdigkeiten ein stimmiges Bild – und der Name des Stadions Maracanã ist allen Fußballfans auf der Welt ein Begriff. Das Stadion galt lange Zeit als das größte der Welt, im Rahmen der Vorbereitungen für die Weltmeisterschaft 2014 und auf Geheiß der FIFA verzichtete man jedoch auf die günstigsten Stehplätze hinter den Toren und einige Sitzbänke, wodurch sich die Anzahl der Plätze insgesamt stark verringerte.

Eine interessante Tatsache

In Rio gibt es viele arme Viertel, die Favelas, in denen die Kriminalitätsrate hoch ist und die man besser meiden sollte – sogar die Polizei versucht die Favelas zu umgehen. Außerdem ist es in dieser Stadt von zehn Uhr abends bis fünf Uhr morgens erlaubt, rote Ampeln zu überfahren. Diese Maßnahme soll die Gefahr eines Autodiebstals während des Wartens an der Ampel verringern.

Das eigentliche Symbol Rio de Janeiros ist natürlich der Cristo Redentor, die riesige Christusstatue, die ihre Arme über der Stadt ausbreitet. Der Bau der Figur begann im Jahr 1922 und dauerte neun Jahre. Alle Elemente, einschließlich des Rahmens, wurden in Frankreich hergestellt und in Einzelteilen nach Brasilien geliefert. Die offizielle Eröffnung fand am 12. Oktober 1931 statt.

Seitdem ist der Cristo Redentor die Hauptattraktion in Rio und leider auch eine hervorragende Zielscheibe für Blitze, die ihn einige Male im Jahr beschädigen. Die katholische Diözese trägt die Kosten der Reparaturen und hat immer die passenden Steine vorrätig.

Aus dem Reisejournal

»Anders als in vielen anderen Großstädten der Welt ist es in Rio de Janeiro gestattet, fast überall und in jeder Höhe mit dem Hubschrauber zu fliegen, solange die Sicherheitsanforderungen angemessen erfüllt sind und eine gute Portion gesunder Menschenverstand mitfliegt. Es muss lediglich darauf geachtet werden, die aufsteigenden Flugzeuge vom benachbarten Flughafen nicht zu irritieren. Doch in einigen Gegenden, in denen wir gerne in der Luft angehalten hätten, um Aufnahmen zu machen, sagte der Pilot, dass wir dort nicht bleiben könnten und so schnell wie möglich weiterfliegen müssten. Erst nach der Landung fragten wir ihn, was denn der Grund dafür gewesen sei. Er antwortete, dass er nicht gerne über den Favelas schwebe – eine stehende Zielscheibe sei einfacher zu treffen als eine, die sich bewege.«

Rio de Janeiro Die lebendige Stadt Rio erstrahlt unter einem farbenfrohen Himmel, und dank der markanten Form des Zuckerhuts ist diese Szenerie unverwechselbar.

Cristo Redentor Der Cristo Redentor, das Wahrzeichen von Rio de Janeiro, bietet im Licht der untergehenden Sonne einen erhabenen Anblick. Die Höhe dieser Skulptur entspricht der Spannweite ihrer Arme: 30 Meter. Hinzu kommen noch acht Meter Sockel. Das Gesamtgewicht dieses einzigartigen Monuments beträgt 1145 Tonnen. Der Sockel der Statue beherbergt eine Kapelle, in der 150 Menschen Platz finden. Auch die Christusstatue selbst ist zugänglich: In den Armen des Monuments befindet sich ein 20 Meter langer Tunnel mit Luken, aus denen ein Blick nach draußen möglich ist.

Cristo Redentor Der Cristo Redentor breitet auf dem 710 Meter hohen Berg Corcovado seine Arme aus, umgeben von den üppigen Wäldern des Nationalparks Tijuca (nachfolgende Doppelseite).

INKA-STADT MACHU PICCHU

DER ÜBERLIEFERUNG NACH wurde die Hauptstadt der Inka in den Regierungsjahren von Pachacùtec gegründet, der von 1438 bis 1471 Herrscher der Inka war. Nur wenige Jahrzehnte später erreichten die Spanier die neue Welt, und das alte Inka-Reich brach zusammen. Heute ist der auf 2500 Metern Höhe gelegene Ruinenkomplex Machu Picchu (»Alter Gipfel«) die wichtigste Touristenattraktion in Peru und zugleich ein Ort voller mystischer Kräfte.

Eine Stadt so hoch oben auf den Felsen zu errichten ist eine Meisterleistung. Über die perfekte Passform jedes einzelnen Steinelements kann man nur staunen – es ist noch nicht einmal möglich, die Klinge eines Messers zwischen die Einzelteile des Baus zu schieben! Die Steine sind so geschichtet, dass sie durch ihr eigenes Gewicht gehalten werden; Mörtel wurde nicht verwendet.

Eine interessante Tatsache

Bis heute ist der Weg von Cusco nach Machu Picchu erhalten geblieben. Die Inka haben ihre Straßen so errichtet, dass sie auch nach mehreren Jahrhunderten noch in einwandfreiem Zustand sind.

Die Konquistadoren sind nicht bis Machu Picchu vorgedrungen, und die Stadt ist weder eingenommen noch zerstört worden. Etwa zeitgleich mit der Eroberung des Gebiets des heutigen Perus durch die Spanier verschwanden jedoch aus unbekanntem Grund alle Bewohner innerhalb eines Tages – und mehr als 300 Jahre lang schien es, als würde sich niemand an diese Stadt erinnern. Erst im Jahr 1911 führte der Einheimische Melchor Arteaga den Yale-Professor Hiram Bingham nach Machu Picchu. Drei Jahre später organisierte Bingham eine wissenschaftliche Expedition in die »verlorene Stadt der Inka«. Diese sagenhafte Entdeckung, die Machu Picchu dem Rest der Welt zugänglich machte, war jedoch keine große Überraschung für die Peruaner, die durchaus bereits Kenntnis von der Existenz dieser historischen Stadt hatten.

Aus dem Reisejournal

»Wir machten uns keine großen Hoffnungen, eine Genehmigung für den Dreh in Machu Picchu zu erhalten, und entschieden uns für eine geheime Operation. Eines Nachts zerlegten wir unseren ferngesteuerten Hubschrauber und trugen ihn in drei Rucksäcken auf das Gelände der alten Stadt.

Als ersten Ausgangspunkt für die Aufnahmen wählten wir die Plattform auf dem Berg Huayna Picchu, von dort aus eröffnete sich ein Panoramablick über den gesamten Komplex. Auf diesen Berg werden pro Tag nur 400 Personen gelassen, weshalb die Bewachung minimal ist. Der Aufstieg auf den fast senkrechten Treppen und mit der Ausrüstung auf dem Rücken dauerte über eine Stunde. Leider wurden wir schon 15 Minuten nach Drehbeginn erwischt – doch obwohl wir viel Zeit mit Diskussion zubringen mussten, gelang uns eine Aufnahme von Machu Picchu aus der Vogelperspektive.«

Machu Picchu Die Spuren einer vergangenen Kultur: Im 15. Jahrhundert hatte Machu Picchu etwa 1000 Einwohner und zählte rund 200 Gebäude.

Machu Picchu Wie konnte es den Inka gelingen, an diesem Ort eine Stadt zu errichten? Eine wahre Meisterleistung – so mancher glaubt gar, dass hier Außerirdische am Werk waren (nachfolgende Doppelseite).

WELTWUNDER IGUAZÚ-WASSERFÄLLE

DIE KASKADENFÖRMIGEN WASSERFÄLLE des Flusses Iguazú befinden sich an der brasilianisch-argentinischen Grenze. Hier macht der Fluss eine scharfe Biegung, und die 275 einzelnen Wasserfälle, die durch mehrere größere und kleinere Inseln voneinander getrennt sind, strömen in eine u-förmige Schlucht aus massivem Basaltgestein. Diesem Naturspektakel könnte man den ganzen Tag zusehen.

In der Regenzeit fällt das Wasser mit lautem Getöse in einem mächtigen Strom von den Klippen herab. In den trockenen Jahreszeiten hingegen verwandelt sich der stürmische Iguazú in ein Netz aus kleinen Bächen. Während der schlimmsten Dürre im Jahr 1978 fiel von den basaltischen Stufen sogar kein einziger Tropfen.

Eine interessante Tatsache

Im Jahr 2001 wurden die Iguazú-Wasserfälle von der Stiftung »New Open World Foundation« zum Naturweltwunder erklärt und gehörten damit zu den Gewinnern des Wettbewerbs »New 7 Wonders of the World«.

Die Wasserfälle erstrecken sich über eine Länge von beinahe 3 Kilometern. Das Highlight dieses Naturschauspiels ist der Teufelsschlund — ein Wasserfallsystem mit einer markanten Form, die von oben betrachtet wahrhaftig an einen geöffneten Schlund erinnert. Einige Wasserfälle sind bis zu 82 Meter hoch, die Breite der Schlucht beträgt 150 Meter und die Länge 700 Meter. Die anderen Wasserfälle tragen recht poetisch klingende Namen: Adam und Eva, Die drei Musketiere, Zwei Schwestern, Salto Escondido (Der versteckte Wasserfall), Salto Floriano (Der blumige Wasserfall) und noch viele mehr. Die meisten Wasserfälle befinden sich auf argentinischem Territorium, jedoch eröffnet sich von der brasilianischen Seite aus der schönste Ausblick.

Aus dem Reisejournal

»Diese Aufnahmen an den Iguazú-Wasserfällen gehörten sowohl physisch als auch psychisch zu den anstrengendsten. Von den fünf Tagen, die uns für diese Reise genehmigt wurden, gab es nur einen Tag, an dem akzeptables Wetter herrschte. Wir waren erschöpft und warteten sehnsüchtig auf die Sonne. Schließlich wurden unsere Gebete erhört: Die Sonne erschien, wenn auch nur für ein paar Stunden. Wir versuchten, die Zeit optimal zu nutzen und so viele Perspektiven der Wasserfälle wie möglich von der argentinischen Seite aus einzufangen. Während wir die Bilder am Abend bearbeiteten, bemerkten wir einen interessanten Effekt: auf dem Kopf stehende Regenbögen! Vom Boden aus sahen sie ganz normal aus, die Aufnahmen aus dem Hubschrauber jedoch zeigten die Bögen verkehrt herum – sie waren nicht wie üblich zum Himmel, sondern zur Erde hin gekrümmt. Wirklich erstaunlich!«

Iguazú-Wasserfälle Die Iguazú-Wasserfälle zählen zu den meist besuchten Orten in Südamerika. Über Holzbrücken kann man ihnen ganz nahe kommen.

Iguazú-Wasserfälle Inmitten der tosenden Wassermassen stehen Regenbögen Kopf – ein faszinierendes Detail, das wir auf unseren Aufnahmen entdeckten (nachfolgende Doppelseite).

DIE ANTARKTIS UND IHRE INSELN

MIT EINER DURCHSCHNITTSHÖHE von 2000 Metern über dem Meeresspiegel und dem höchsten Punkt auf 4892 Metern ist der reinweiße Kontinent das höchstgelegene Festland der Erde. Antarktika ist von einem Ozean umgeben, der keine anderen Festlandgrenzen aufweist. Der Südliche Ozean besteht per Definition aus drei Sektoren: dem Pazifischen, dem Atlantischen und dem Indischen Sektor. Die Wassertemperatur ist hier um einige Grad niedriger als in anderen Ozeanen.

Die Antarktis beherbergt 90 Prozent des Eises und 80 Prozent des gesamten Süßwassers der Erde. Sogar im Sommer steigen die Temperaturen hier nicht über Null, und die Niederschläge fallen meist in Form von Schnee – Regen ist eine Seltenheit.

Eine interessante Tatsache

Die globale Erwärmung führt dazu, dass sich in manchen Gebieten der Antarktis eine für den Vegetationstyp Tundra typische Pflanzenwelt zu entwickeln beginnt. Laut der Prognosen einiger Wissenschaftler könnten hier in 100 Jahren sogar Bäume wachsen.

Früher war der Walfang gestattet, und die Präsenz des Menschen in den umliegenden Gewässern der Antarktis war deutlich erkennbar. Bevor Erdöl zu einer günstigen Alternative wurde, war Walfett das wichtigste Schmiermaterial für Maschinen und Geräte. Später wurden die Fabriken geschlossen, und die Flottillen begannen zu rosten. Mittlerweile streifen Pinguine zwischen den Wracks umher, und See-Elefanten nehmen dort ein Sonnenbad.

Heute sind die Antarktis und Südgeorgien wohl die ruhigsten Orte auf Erden. Lediglich Wissenschaftler arbeiten noch hier. Die wahren Hausherren hier sind die einheimischen Tiere.

Aus dem Reisejournal

»Die dreitägige Reise Richtung Südgeorgien verbrachten wir in einer Art Dämmerzustand, der durch die Tabletten gegen Seekrankheit ausgelöst wurde. Der beste Zeitvertreib war das Fotografieren der Albatrosse, die dem Schiff folgten.

Die Bucht von Salisbury Plain begrüßte uns mit einem bleifarbenen Himmel und kräftigem Wind. Auf dem sandigen Ufer zeigte sich schließlich ein stolzer Pinguin, der sich durch unsere Anwesenheit nicht im Geringsten gestört fühlte. Dann hüpften noch etwa fünfzig weitere Königspinguine aus dem Wasser an die Küste, die scheinbar auch alle mit wichtigeren Dingen beschäftigt waren, als sich von fremden Fotografen erschrecken zu lassen. Hinter uns grunzte ein See-Elefant, eine vier Meter dicke Hundsrobbe mit einem Gewicht von 1,5 Tonnen. In der Nähe zerteilten zwei riesige Papageientaucher einen Pinguinkadaver. Nachdem wir uns von diesen ersten Eindrücken erholt hatten, holten wir die Technik heraus und begannen aufzunehmen.«

Südgeorgien Fast scheint es, als würden diese beiden die romantische Zweisamkeit in der Schönheit der eisigen Landschaft genießen.

Südgeorgien Erwachsene Königspinguine sind zwischen 85 und 95 Zentimeter groß und zeichnen sich durch die charakteristische Farbgebung ihres Gefieders aus – den berühmten schwarzen »Frack«. Die Jungvögel müssen sich zunächst mit einem schlichten braunen Daunenkleid begnügen (nachfolgende Doppelseite).

DIE STRATOSPHÄRE

IM JAHR 1931 gelang dem Schweizer Physiker Professor Auguste Piccard erstmalig ein Flug in die Stratosphäre; er stieg auf eine Flughöhe von 15 781 Metern und war der erste Mensch, der die Erdkrümmung mit eigenen Augen sah. Vor allem aber ging er als Erfinder des Bathyskaphen, dabei handelt es sich um ein Tiefseetauchgerät, und des Stratosphärenballons in die Geschichte ein. Das markierte den Beginn einer neuen Ära in der Entwicklung der Raumfahrt. Auch heute noch stößt die Erforschung der Stratosphäre auf großes Interesse: Stratosphärenballons können sich lange in der Luft halten und einen recht großen Raum kontrollieren – und sie sind erheblich billiger als Satelliten. Die Menschheit wendet sich nun wieder der Stratosphäre zu, die zu Beginn des 20. Jahrhunderts noch nicht gänzlich erschlossen werden konnte.

Interessante Tatsache

In der Stratosphäre befindet sich die Ozonschicht der Erde, die den Planeten vor einer übermäßig starken Einwirkung des UV-Lichts schützt. Mit ihrer Herausbildung war es frühen Lebensformen möglich, vor 4 Millionen Jahren das Wasser zu verlassen und das Land zu besiedeln.

Für die fortschreitende Erschließung der Stratosphäre wurden hermetisch abgedichtete Raumanzüge entwickelt und Fluggeräte für einen bemannten Abstieg und eine Besatzungskapsel mit Fallschirm konstruiert. Aber die Stratosphärenballons stürzten immer wieder ab.

Nachdem mit dem ersten erfolgreichen Raketenstart die Eroberung des Weltraums begonnen hatte, klang das Interesse an der Erforschung der Stratosphäre zunächst allmählich ab.

Aus dem Reisejournal

»Sowohl das Aussenden der Kamera in die Stratosphäre als auch das Zurückholen sind technische Herausforderungen. Der Start erfolgt mithilfe eines Heliumballons. Der Ballon steigt auf eine Höhe von 35 bis 37 Kilometern, sein Volumen nimmt langsam zu, und er erreicht schließlich die Größe eines dreistöckigen Hauses. Nachdem er geplatzt ist, sinken die Kameras sanft an einem Fallschirm zur Erde hinab.

Leider konnten wir nach der ersten Aufnahme die gelandete Ausrüstung nicht finden – das Ortungsgerät sendete kein Signal aus. Beim zweiten Versuch jedoch landeten unsere Kameras auf einer Weide und weckten direkt das Interesse der dort grasenden Kühe. Zum Glück stellte sich die Ausrüstung als ungenießbar heraus, und wir fanden die Landestelle. Die Mühe hatte sich gelohnt, denn uns ist tatsächlich das ersehnte kugelförmige Panorama der Erde aus einer Höhe von 37 Kilometern gelungen.«

Stratosphärenballon Mit speziellen Ballons ist es möglich, in die Stratosphäre vorzudringen – oder eine Kamera auf diese abenteuerliche Reise zu schicken.

Stratosphäre Die Erdkrümmung ist deutlich erkennbar, tiefes Schwarz umgibt die Sonne – obwohl dieses Bild noch innerhalb der Erdatmosphäre entstand, wirkt es beinahe wie der Blick aus einer Raumfähre (nachfolgende Doppelseite).

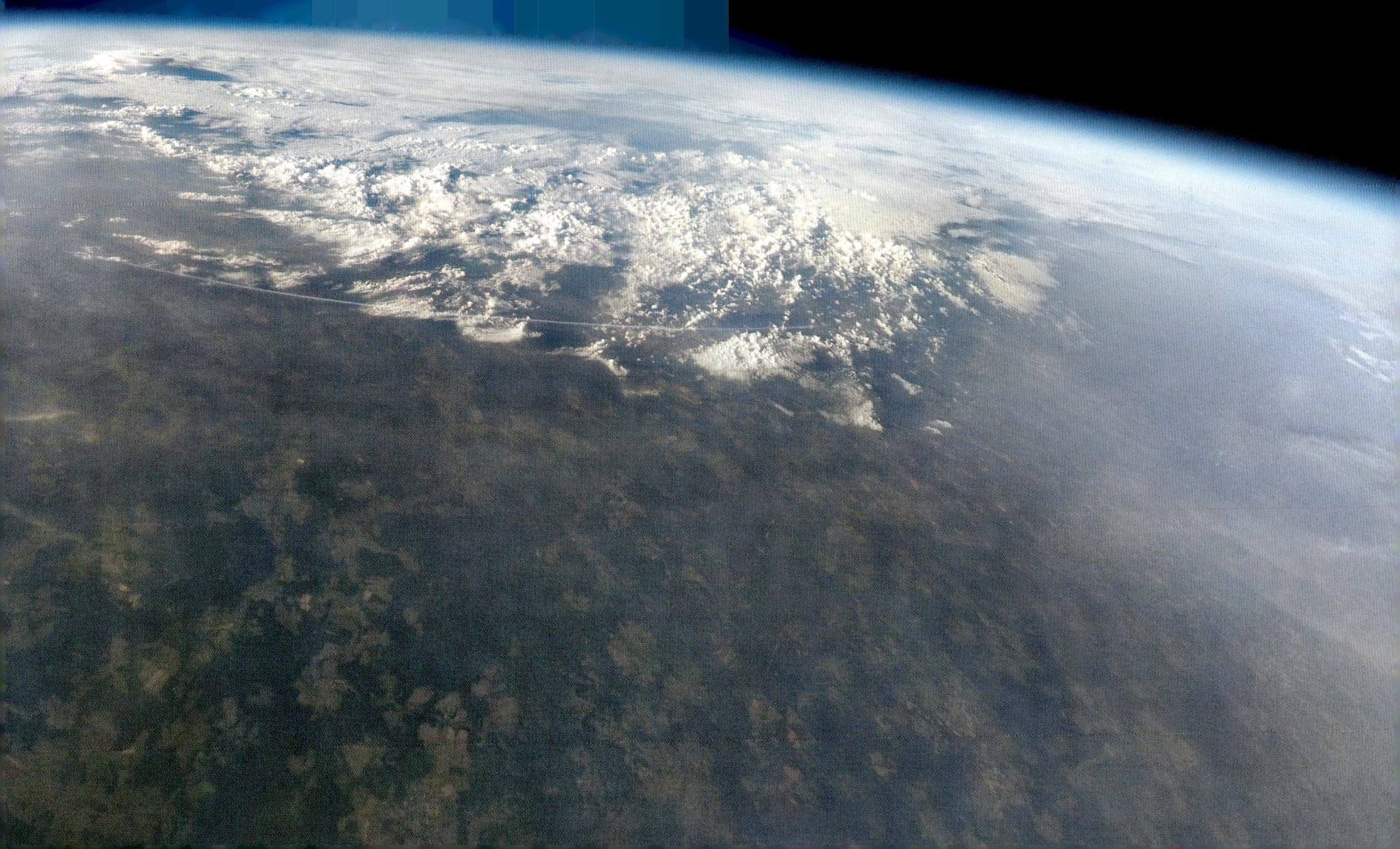

DAS TEAM

Oleg Gaponyuk

Ich habe einen Abschluss in Angewandter Mathematik von der MEPhI (National Research Nuclear University) in Moskau. Ich liebe Fotos – vor allem Panoramafotos –, Skifahren, Windsurfen, Tauchen, Gitarren, Keyboards, Witze, Tequila und das Reisen. Für eine gute Aufnahme bin ich bereit, bis ans Ende der Welt zu fahren. Mein Sinn für Humor hilft mir, auch in unerwarteten Situationen das Außergewöhnliche und Lustige zu erkennen, und der Einfluss von Tequila sollte keinesfalls unterschätzt werden!

Andrey Zubetz

Ich absolvierte mein Studium an der Staatlichen Universität für Filmkunst und Fernsehen in Sankt Petersburg. Meine Hobbys sind die Fotografie, EDV-Technik und das Konstruieren verschiedener Geräte. Vor etwa zehn Jahren begann ich mit der sphärischen Panoramafotografie und entwickelte und patentierte eine Methode zur Aufnahme mehrreihiger Panoramabilder ohne Stativ und Auslöseknopf. Ich schrieb eine Reihe von Artikeln in russischer Sprache mit dem Ziel, diese Art von Kreativität, bei der sich Technologie und Kunst verbinden, bekannt zu machen. Derzeit benutzen die Mitglieder von AirPano meine Entwürfe, Methoden und Entwicklungen für Bodenaufnahmen, klassische Bilder und Luftbildpanoramen.

Sergey Semenov

Meine erste bewusste Bekanntschaft mit der Fotografie machte ich im Jahr 2003, als mir eine Digitalkamera in die Hände fiel. Die Möglichkeit, auf dem Bildschirm gleich ein Ergebnis zu sehen, hat mich zum Staunen gebracht. Seitdem bin ich von der Fotografie regelrecht besessen – ich schloss zwar die Ausbildung zum Wirtschaftswissenschaftler mit Auszeichnung ab und war sieben Jahre lang in diesem Beruf tätig, doch mit der Krise änderte sich plötzlich alles: Das Büro tauschte ich gegen ein Haus, das Reisen und den Anzug gegen eine Fleecejacke, die Ledertasche gegen den Kamerarucksack, das Notebook gegen einen Computer mit zwei großen Bildschirmen und Excel und SAP gegen Photoshop.

Sergey Rumyantsev

Ernsthaftes Interesse an der Fotografie entwickelte ich durch Landschaftsaufnahmen in Neuseeland, wo ich eine Arbeitsgelegenheit bekam. Die ständige Praxis inmitten der atemberaubenden Schönheit der Natur half mir, die Landschaftsfotografie beherrschen zu lernen. Seitdem ist bei allen meinen Reisen und Abenteuern die Kamera immer mit dabei, und die mich umgebende Welt nehme ich durch den Sucher wahr. Die Anfertigung Hunderter Filme und Tausender Bildausschnitte war nicht vergebens – meine Arbeit wurde wahrgenommen, und einige Bilddatenbanken begannen, sie zu erwerben. Es folgten Publikationen, Werbeprojekte und gewonnene Wettbewerbe. Neben meinen geliebten klassischen Landschaftsansichten fotografiere ich auch gerne Stadtlandschaften und Architektur – dabei schlägt mein Herz ganz besonders für Panoramabilder, was mich zu dem Projekt AirPano führte.

Dmitry Moiseenko

Geboren und aufgewachsen bin ich in Kaliningrad, der Stadt an der Ostsee. In den Jahren 2002 bis 2003 arbeitete ich bei dem Fernsehsender NTV für die Sendung »Eine weite Reise«. Ich plante die Routen, führte Regie und trat in der Livesendung selbst auf. Im Jahr 2005 begann eine neue Etappe meines Lebens: Es wurden Artikel mit Fotos in der Zeitschrift National Geographic Traveler »Fotodelo« veröffentlicht. Dazu besuchte ich mehr als 80 Länder, reise monatelang mit der Fotokamera und dem Stativ umher und hatte in den letzten drei Jahren immer das Equipment für die Aufnahmen mit dem Hubschrauber dabei – meinem treuen Begleiter.

Ivan Roslyakov

Ich habe ein Diplom in Bauingenieurwesen von der Staatlichen Universität für Bauwesen in Moskau (MSUCE/MGSU). Nach einigen Jahren im Job hatte ich zahlreiche Großstädte Russlands und des nahen und fernen Auslands bereist. Mein ständiger Begleiter auf Geschäftsreisen war die Kamera. Da ich an vorderster Entwicklungsfront im Ingenieursbereich arbeitete, interessierte ich mich auch für die neuesten Entwicklungen und Technologien in der Fotografie. Es überrascht daher nicht, dass ich mit Panoramafotos zu experimentieren begann. Ich lernte unter fast allen Bedingungen, die man sich vorstellen kann, Aufnahmen zu machen – an Land, unter Wasser, in der Nacht und in vielen anderen außergewöhnlichen Situationen. Diese Leidenschaft für Panoramatechniken ließ mich Teil eines einzigartigen Projekts werden – AirPano. Ich hoffe, dass der Aufwand, den wir für die Vorbereitung unserer virtuellen Luftbild-Abenteuer betrieben haben, den Erwartungen der geschätzten Leser und lieben Freunde gerecht wird.

Stanislav Sedov

Seit meiner Kindheit träumte ich davon, Pilot zu werden, doch stattdessen wurde ich professioneller Programmierer. Eines Tages flammte mein Kindheitstraum wieder auf – ich erlag der Faszination ferngesteuerter Flugmodelle und brachte mir selbstständig bei, sie zu fliegen. Eines Tages stieß ich auf die Website eines Unternehmens, das Luftbildszenen für Hollywood-Blockbuster aufnimmt. Dadurch wurde aus meinem Hobby ein echtes und praktisches Interesse: Ich wollte lernen, wie man Fotos und Videos in der Luft aufnimmt. Erst nach drei Jahren voller Versuche mit verschiedenen Konstruktionen begann ich, anständige Ergebnisse zu erzielen. Anfang 2011 schloss ich mich dem AirPano-Team an. Mithilfe von ferngesteuerten Flugmodellen ist es uns gelungen, viele Orte aufzunehmen, die für große Hubschrauber unzugänglich sind – einschließlich der sieben Weltwunder.

Mikhail Reyfman

Ich wurde in der Ukraine geboren und erhielt eine künstlerische Ausbildung. Seit Januar 2000 lebe und arbeite ich in den USA. Ich habe zahlreiche Fotowettbewerbe gewonnen, und meine Bilder werden weltweit in Kalendern, Büchern und Zeitschriften verwendet. Einige meiner Arbeiten werden im Smithsonian National Museum of Natural History in Washington und auf Fotoausstellungen in Moskau und St. Petersburg präsentiert. Als Gründer und Leiter von worldphototravels.com begleite ich Fotoexpeditionen in exotische Ecken unseres Planeten. Die Teilnahme am AirPano-Projekt ist ein bedeutender Meilenstein in meiner künstlerischen Laufbahn.

HINTER DEN KULISSEN

Viele träumen schon seit ihrer Kindheit vom Fliegen, und auch in der Geschichte der Fotografie wurde schon früh versucht, Fotos aus der Luft zu machen. Heute besteht die Möglichkeit, Luftbildfotografien hautnah zu erleben. Dabei entsteht das Gefühl, wahrhaftig von oben auf die Iguazú-Wasserfälle oder auf das Sydney Opera House zu schauen. Der Betrachter kann sich in eine beliebige Richtung »drehen«, das Bild heranzoomen, die Ausschnitte einzeln betrachten und neue Details entdecken.

Das alles ist heute dank modernster Panorama-Technik möglich – dem Spezialgebiet unseres AirPano-Teams. Wir haben Aufnahmen aus Hubschraubern, Flugzeugen, Heißluftballons und Luftschiffen durchgeführt. Vor allem Hubschrauber ermöglichten es uns, Fotos von abgelegenen Plätzen wie den Vulkanen Tolbatschik oder Grimsvötn, der Aufstiegsroute zum Mount Everest, dem Himalaya, den Canyons des amerikanischen Südwestens, dem Salto Ángel und den Victoriafällen zu schießen. Doch in vielen Gegenden, wie zum Beispiel in Naturschutzgebieten, sind Hubschrauberflüge verboten, und dort, wo sie erlaubt sind, ist für gewöhnlich nur eine minimale Flughöhe möglich, und es gibt erhebliche Einschränkungen wegen des Motorenlärms.

Die Flugreichweite ist ebenfalls begrenzt – der Kraftstoff ist irgendwann aufgebraucht. In einigen Fällen ist es notwendig, ein Auto mit Benzinkanistern vorwegzuschicken, um eine Tankmöglichkeit zu haben und so bis zum Ende der Route fliegen zu können. An manchen Orten gibt es einfach keine Hubschrauber, seltsamerweise zum Beispiel auf den beliebten Malediven.

In letzter Zeit haben wir einen großen Teil der Aufnahmen mithilfe einer kleinen fliegenden Drohne, die mit einigen tragenden Propellern und einer professionellen Kamera ausgerüstet ist, bewerkstelligt. Das Gerät wird »Multicopter« oder einfach »Copter« genannt. Der Multicopter kommt dann zum Einsatz, wenn die Verwendung echter Hubschrauber nicht gestattet ist. Mit seiner Hilfe konnten atemberaubende Aufnahmen aus der Luft entstehen, die früher unmöglich erschienen, wie vom Moskauer Kreml, dem Taj Mahal, der Stadt Petra und den ägyptischen Pyramiden. Die Copter-Drohne kann sehr nah an den aufzunehmenden Ort oder Gegenstand heranfliegen, beispielsweise an die Sterne der Kreml-Türme. Start und Landung erfolgen manuell durch den Piloten, was das Arbeiten auch an schwer zugänglichen Orten und in schwierigen Situationen möglich macht: Wir sind schon von Schlauchbooten und Fahrzeugen gestartet, was jedoch sehr viel Geschick, Präzision und einen erheblichen Kraftaufwand erfordert, denn das Gewicht des Geräts zusammen mit der Kamera kann sich auf bis zu 10 Kilogramm belaufen. Bei AirPano arbeiten zwei Personen mit dem Multicopter: der Pilot und der Fotograf. Der Fotograf behält immer einen kleinen Bildschirm im Auge, auf den das Bild der Copter-Kamera weitergeleitet wird, und wählt die Perspektive und den richtigen Moment für die Aufnahme aus. Der Pilot startet und steuert den Multicopter, beobachtet Höhe, Reichweite, Koordinaten und Geschwindigkeit und führt die Landung aus. Der Flug dauert in der Regel 10 bis 20 Minuten. In dieser Zeit gelingt es oft, mehrere Panoramabilder in unterschiedlichen Höhen und aus unterschiedlichen Richtungen zu machen. Die Reichweite des Geräts und die Höhe des Flugs hängen von vielen Faktoren ab, sie können bis zu 1000 Meter betragen.

Neben den Kugelpanoramen beschäftigen wir uns neuerdings auch mit 360-Grad-Videos. Dieses brandneue Phänomen gewinnt immer mehr an Popularität, und das, was noch vor wenigen Jahren utopisch er-

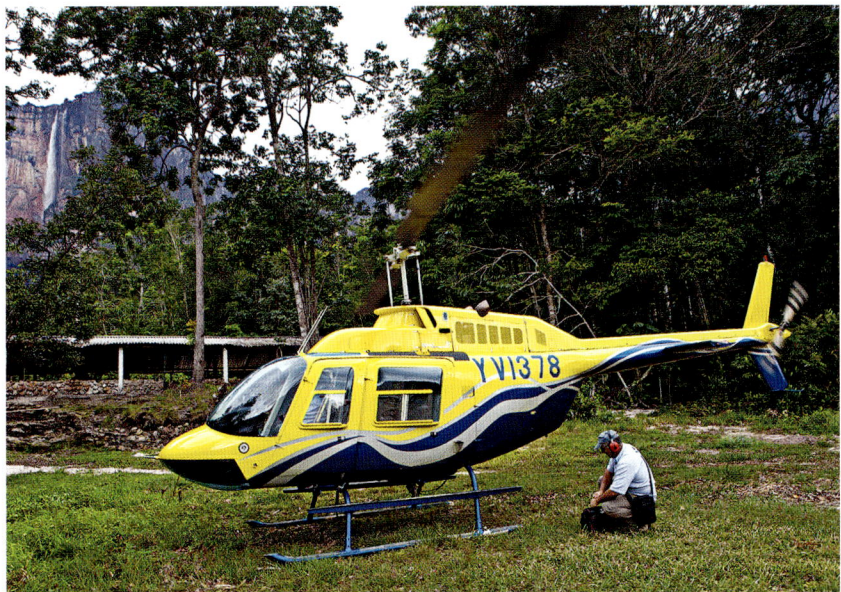

schien, etwa die Möglichkeit der eigenständigen »Bedienung der Kamera« beim Betrachten des Videos durch das Drehen, Löschen oder Heranzoomen des Bildes, ist Wirklichkeit geworden. Unser Team entwickelte eine eigene Methode zur Erstellung der 360-Grad-Videos. Unter den Panorama-Videos finden sich einzigartige Aufnahmen eines Vulkanausbruchs, eines Fluges über das nächtliche New York, über den Himalaya oder über ein großes Korallenriff.

Nachdem das Material komplett ist, muss es noch bearbeitet und für die Veröffentlichung vorbereitet werden. Das ist ein lang andauernder und mühsamer Prozess, der die Auswertung und Montage der Panoramabilder, die Programmierung, das Schreiben der Artikel und die Arbeit mit Zusatzmaterialien umfasst. Die Erstellung der virtuellen Tour dauert zwischen zwei und vier Wochen. Jede Woche wird auf der Website www.airpano.ru eine neue Tour veröffentlicht. Die beliebtesten Panoramaaufnahmen werden dann Teil des interaktiven AirPano Travel Book für das iPad. Von einigen Bildern werden auch Druckversionen erstellt – die besten können auf den Seiten dieses Buches betrachtet werden.

Auf unserer Website hinterlassen Besucher aus allen Ecken der Welt eine große Anzahl von Kommentaren. Der eine bedankt sich bei den Fotografen für eine perfekte Aufnahme seiner Heimat, der andere schreibt, dass er, nachdem er die Arbeit von AirPano kennengelernt hat, bereit ist, alles aufzugeben und bis ans andere Ende der Welt zu reisen, nur um das alles mit eigenen Augen zu sehen.
Viele Leser schlagen auch neue, interessante Orte für Dreharbeiten vor. Das AirPano-Team ist immer glücklich, die Ergebnisse seiner Reisen teilen zu können – und dieses Buch bietet uns eine weitere Gelegenheit dazu.

Wie Sie die QR-Codes verwenden

Halten Sie Ihr Smartphone oder Tablet an den Seiten 190/191 auf den abgedruckten QR-Code und nach ein paar Sekunden wird das entsprechende Panorama mit verschiedenen Zoommöglichkeiten auf dem Bildschirm Ihres Smartphones angezeigt.

1. Installieren Sie ein Programm zum Auslesen des QR-Codes auf dem Smartphone, und starten Sie es.
2. Führen Sie das Kameraobjektiv auf den QR-Code. Dabei wird entweder der QR-Code automatisch erkannt, oder Sie werden von dem Programm aufgefordert, auf eine Schaltfläche zu klicken.
3. Auf dem Bildschirm des mobilen Geräts öffnet sich eine Internetseite, und der Verweis auf den verschlüsselten Code erscheint.

Folgende Programme sind für Smartphones kostenlos:
Apple iPhone: Scan, QR Reader for iPhone
Android: QR Code Reader, QR Droid Code Scanner

Paris S. 18/19

Barcelona S. 28/29

Santorin S. 34/35

Island S. 38/39

Moskau S. 42/43

Sankt Petersburg S. 48/49

An der Nerl S. 54/55

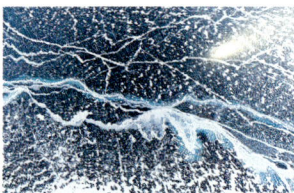
Baikalsee S. 56/57

Kamtschatka S. 60/61

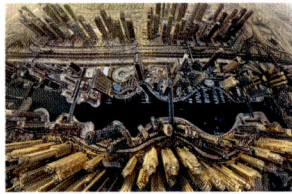
Dubai S. 70/71

Petra S. 76/77

Chinesische Mauer S. 78/79

Hongkong S. 84/85

Taj Mahal S. 88/89

Mount Everest S. 92/93

Bagan S. 94/95

| Akshardham | S. 98/99 | Kuala Lumpur | S. 102/103 | Malediven | S. 106/107 | Sydney | S. 112/113 |

| Ägypten | S. 118/119 | Kenia | S. 120/121 | Victoriafälle | S. 126/127 | New York City | S. 134/135 |

| San Francisco | S. 142/143 | Las Vegas | S. 146/147 | Goosenecks | S. 148/149 | Bryce Canyon | S. 152/153 |

| Venezuela | S. 156/157 | Rio de Janeiro | S. 164/165 | Macchu Picchu | S. 170/171 | Iguazú | S. 172/173 |

| Antarktis | S. 178/179 | Stratosphäre | S. 182/183 |

IMPRESSUM

Verantwortlich: Joachim Hellmuth, Marianne Rösler
Übersetzung aus dem Russischen: SAW Communications, Mainz: Angelika Hauser
Redaktion: SAW Communications, Mainz: Eugenia Demmel, Julia Gilcher, Eva Gößwein, Dr. Sabine A. Werner
Layoutkonzept und Layout: VerlagsService Gaby Herbrecht, Mindelheim
Repro: Ludwig, Zell am See
Umschlaggestaltung: coverdesign uhlig, München
Herstellung: Bettina Schippel
Printed in Italy by Printer Trento

Sind Sie mit diesem Titel zufrieden? Dann würden wir uns über Ihre Weiterempfehlung freuen.

Erzählen Sie es im Freundeskreis, berichten Sie Ihrem Buchhändler, oder bewerten Sie beim Onlinekauf.
Und wenn Sie Kritik, Korrekturen, Aktualisierungen haben, freuen wir uns über Ihre Nachricht an Frederking & Thaler Verlag, Postfach 40 02 09, D-80702 München oder per E-Mail an lektorat@verlagshaus.de.

Unser komplettes Programm finden Sie unter

Alle Angaben dieses Werkes wurden von den Autoren sorgfältig recherchiert und auf den neuesten Stand gebracht sowie vom Verlag geprüft. Für die Richtigkeit der Angaben kann jedoch keine Haftung übernommen werden.

Bildnachweis:
Umschlag: Central Park, New York; S. 1: Great Barrier Reef, Australien; S. 2/3: Reisterrassen in Yuanyang, China; S. 4/5: Lençóis Maranhenses National Park, Brasilien
Alle Fotos des Umschlags und des Innenteils stammen vom Projekt AirPano, außer: Mikhail Reyfman, S. 31, 154-155; Dmitry Moiseenko, S. 4-5, 53, 76, 80-81, 169, 178-179; Oleg Gaponyuk, S. 46-47, 103-105, 107-111, 113, 127-129, 131-133, 163, 177; Sergey Semenov, S. 21, 37, 136-137, 145; Ivan Roslyakov, S. 91.

Die Deutsche Nationalbibliothek verzeichnet diese Publikation in der Deutschen Nationalbibliografie; detaillierte bibliografische Daten sind im Internet über http://dnb.d-nb.de abrufbar.

© 2015, AirPano.com für die Originalausgabe
Titel der Originalausgabe: AirPano МИР С ВЫСОТЫ. ЛУЧШИЕ ФОТОГРАФИА
Ein Buch der Partner Frederking & Thaler, AirPano und GEO
GEO ist eine Marke der Gruner + Jahr AG & Co KG – alle Rechte vorbehalten
© 2021, 2016, 2015, 4. durchgesehene Auflage
Frederking & Thaler Verlag in der Bruckmann Verlag GmbH, Infanteriestrße 11a, 80797 München
ISBN 978-3-95416-178-2

Ebenfalls erhältlich ...

ISBN 978-3-95416-146-1

ISBN 978-3-95416-135-5

FREDERKING & THALER
www.frederking-thaler.de